Ex-libris –

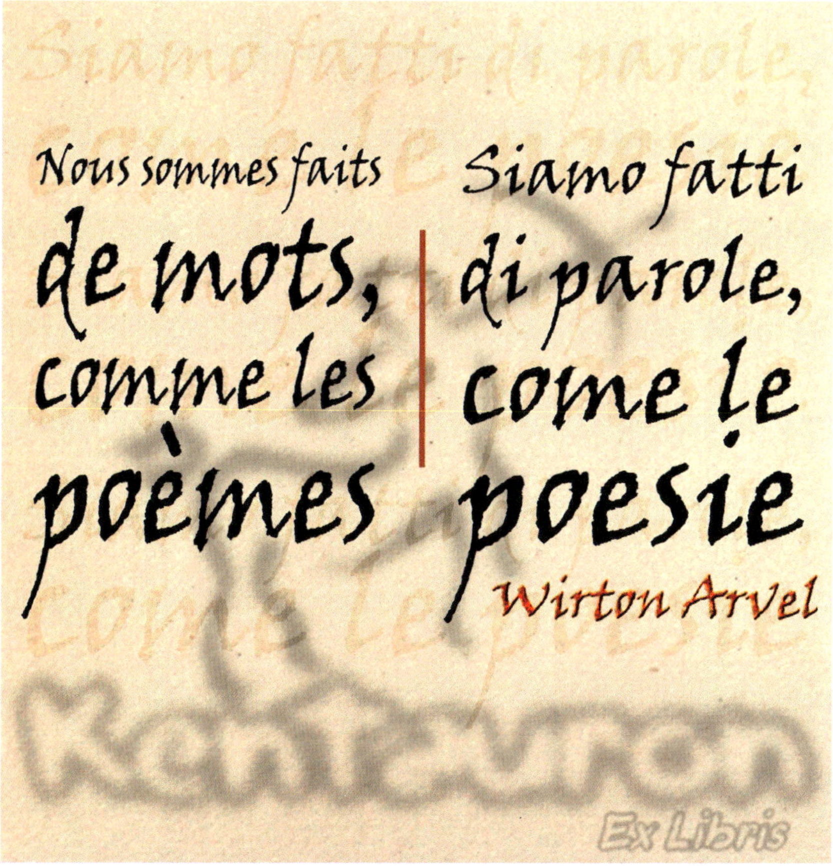
Nous sommes faits
de mots,
comme les
poèmes
Siamo fatti
di parole,
come le
poesie
Wirton Arvel
Ex Libris

Ce livre t'appartient désormais,
mais c'est seulement quand tu le liras
qu'il sera pleinement à toi,
et qu'il t'appartiendra pour toujours

Questo libro ora ti appartiene,
ma solo quando lo leggerai
sarà davvero tuo,
e ti apparterrà per sempre

Le Petit Prince
Il Piccolo Principe

Bilingue avec le texte parallèle - Bilingue con testo a fronte:
Français-Italien / Francese-Italiano

Antoine de Saint-Exupéry

Notes de l'éditeur – Note dell'editore

Questo libro/eBook è basato sull'opera di Antoine de Saint-Exupéry "Le Petit Prince" pubblicato nel 1943.

Il testo del romanzo è completo e inalterato e contiene i disegni originali dell'autore.

Traduzione di Wirton Arvel.

L'ex libris contiene un estratto di una poesia dell'autore (da "Vagabondando fra le stelle").

***

Copyright © 2015 Wirton Arvel wirtonarvel@kentauron.com

Edizione digitale Gennaio 2015
Prima edizione cartacea Dicembre 2015

ISBN-13: 978-1519796547
ISBN-10: 1519796544

10 9 8 7 6 5 4 3 2 1 [180628]

Tutti i diritti sono riservati. Nessuna parte della presente pubblicazione può essere tradotta, riprodotta, adattata anche parzialmente o trasmessa in alcun modo, elettronico o meccanico, incluse fotocopie, registrazioni o qualsiasi altro modo di memorizzazione e sistema di archiviazione e ricerca attualmente in uso o che verrà inventato, senza il preventivo consenso del detentore dei diritti d'autore.

Sommaire – Indice

Dédicace – *Dedica* ii
I 2
II 5
III 11
IV 14
V 19
VI 24
VII 26
VIII 31
IX 37
X 40
XI 46
XII 49
XIII 51
XIV 55
XV 59
XVI 64
XVII 66
XVIII 70
XIX 71
XX 73
XXI 75
XXII 82
XXIII 84
XXIV 85
XXV 88
XXVI 92
XXVII 100
Postface – *Postfazione*
    La couleur du blé – *Il colore del grano* 103
Nouveautés et livres en promotion
    Novità e libri in promozione 108
Autres livres Kentauron – *Altri libri Kentauron* 109

Dédicace – Dedica

À Léon Werth

Je demande pardon aux enfants d'avoir dédié ce livre à une grande personne. J'ai une excuse sérieuse : cette grande personne est le meilleur ami que j'ai au monde. J'ai une autre excuse : cette grande personne peut tout comprendre, même les livres pour enfants. J'ai une troisième excuse : cette grande personne habite la France où elle a faim et froid. Elle a besoin d'être consolée. Si toutes ces excuses ne suffisent pas, je veux bien dédier ce livre à l'enfant qu'a été autrefois cette grande personne. Toutes les grandes personnes ont d'abord été des enfants. (Mais peu d'entre elles s'en souviennent.) Je corrige donc ma dédicace :

*À Léon Werth
quand il était petit garçon*

A Léon Werth

Chiedo scusa ai bambini per aver dedicato questo libro a una persona grande. Ho una scusa seria: questa persona adulta è il miglior amico che ho al mondo. Ho un'altra scusa: questa persona adulta è in grado di capire tutto, anche i libri per bambini. Ho una terza scusa: questa persona adulta vive in Francia dove ha fame e freddo. E ha bisogno di essere consolata. Se tutte queste scuse non sono sufficienti, allora voglio dedicare questo libro al bambino che questo adulto è stato in passato. Tutti i grandi prima sono stati bambini (ma pochi di loro se ne ricordano). Quindi rettifico la mia dedica:

*A Léon Werth
quando era un ragazzino*

Antoine de Saint-Exupéry

I

Lorsque j'avais six ans j'ai vu, une fois, une magnifique image, dans un livre sur la forêt vierge qui s'appelait Histoires vécues. Ça représentait un serpent boa qui avalait un fauve. Voilà la copie du dessin.

Una volta, quando avevo sei anni, vidi una magnifica figura in un libro sulla foresta vergine che si intitolava "Storie vere della Natura". Rappresentava un serpente boa nell'atto di ingoiare un animale. Ecco la copia del disegno.

On disait dans le livre : « Les serpents boas avalent leur proie tout entière, sans la mâcher. Ensuite ils ne peuvent plus bouger et ils dorment pendant les six mois de leur digestion ».

J'ai alors beaucoup réfléchi sur les aventures de la jungle et, à mon tour, j'ai réussi, avec un crayon de couleur, à tracer mon premier dessin. Mon dessin numéro 1. Il était comme ça :

Nel libro c'era scritto: "I serpenti boa ingoiano la loro preda tutta intera, senza masticarla. Dopo di che non sono più in grado di muoversi e dormono durante i sei mesi che impiegano a digerire".

Allora riflettei a lungo sulle avventure della giungla e, a mia volta, riuscii, con una matita colorata, a tracciare il mio primo disegno. Il mio disegno numero uno. Era come questo:

J'ai montré mon chef-d'œuvre aux grandes personnes et je leur ai demandé si mon dessin leur faisait peur.

Elles m'ont répondu : « Pourquoi un chapeau ferait-il peur ? »

Mon dessin ne représentait pas un chapeau. Il représentait un serpent boa qui digérait un éléphant. J'ai alors dessiné l'intérieur du serpent boa, afin que les grandes personnes puissent comprendre. Elles ont toujours besoin d'explications. Mon dessin numéro 2 était comme ça :

Mostrai il mio capolavoro alle persone grandi e domandai loro se il disegno li spaventava.

Loro mi risposero: "Perché un cappello dovrebbe far paura?"

Ma il mio disegno non rappresentava mica un cappello. Rappresentava un serpente boa che digeriva un elefante. Allora disegnai l'interno del serpente boa, affinché le persone grandi potessero comprendere. Loro hanno sempre bisogno di spiegazioni. Il mio disegno numero due era come questo:

Les grandes personnes m'ont conseillé de laisser de côté les dessins de serpents boas ouverts ou fermés, et de m'intéresser plutôt à la géographie, à l'histoire, au calcul et à la grammaire. C'est ainsi que j'ai abandonné, à l'âge de six ans, une magnifique carrière de peintre. J'avais été découragé par l'insuccès

Gli adulti mi consigliarono di lasciar stare i disegni dei serpenti boa, sia in sezione che interi, e di interessarmi invece alla geografia, alla storia, all'aritmetica e alla grammatica. Fu così che abbandonai, all'età di sei anni, una magnifica carriera di pittore. Mi ero scoraggiato per l'insuc-

de mon dessin numéro 1 et de mon dessin numéro 2. Les grandes personnes ne comprennent jamais rien toutes seules, et c'est fatigant, pour les enfants, de toujours leur donner des explications…

J'ai donc dû choisir un autre métier et j'ai appris à piloter des avions. J'ai volé un peu partout dans le monde. Et la géographie, c'est exact, m'a beaucoup servi. Je savais reconnaître, du premier coup d'œil, la Chine de l'Arizona. C'est utile, si l'on s'est égaré pendant la nuit.

J'ai ainsi eu, au cours de ma vie, des tas de contacts avec des tas de gens sérieux. J'ai beaucoup vécu chez les grandes personnes. Je les ai vues de très près. Ça n'a pas trop amélioré mon opinion.

Quand j'en rencontrais une qui me paraissait un peu lucide, je faisais l'expérience sur elle de mon dessin n°1 que j'ai toujours conservé. Je voulais savoir si elle était vraiment compréhensive. Mais toujours elle me répondait : « C'est un chapeau. » Alors je ne lui parlais ni de serpents boas, ni de forêts vierges, ni d'étoiles. Je me mettais à sa portée. Je lui parlais de bridge, de golf, de politique et de cravates. Et la grande personne était bien contente de connaître un homme aussi raisonnable…

cesso del mio disegno numero uno e del mio disegno numero due. I grandi non capiscono mai niente da soli ed è stancante, per i bambini, dar loro continuamente delle spiegazioni...

Scelsi quindi un'altra professione e imparai a pilotare gli aerei. Ho volato un po' dappertutto per il mondo. E la geografia, è esatto, mi è servita molto. So distinguere, al primo sguardo, la Cina dall'Arizona. Ed è utile, se uno si perde durante la notte.

Ho avuto quindi, nel corso della mia vita, molti contatti con molte persone importanti. Ho vissuto a lungo tra le persone adulte. Le ho viste molto da vicino. Ma ciò non ha migliorato di molto la mia opinione.

Quando ne incontravo una che mi sembrava un po' sveglia, facevo con lei l'esperimento del mio disegno numero uno, che ho sempre conservato. Cercavo di capire se era per davvero una persona intuitiva. Ma mi rispondevano sempre: "È un cappello". Allora non gli parlavo di serpenti boa, di foreste vergini, né di stelle. Mi mettevo al suo livello. Gli parlavo di bridge, di golf, di politica e di cravatte. E la persona adulta era molto contenta di aver conosciuto un uomo così sensibile...

II

J'ai ainsi vécu seul, sans personne avec qui parler véritablement, jusqu'à une panne dans le désert du Sahara, il y a six ans. Quelque chose s'était cassé dans mon moteur. Et comme je n'avais avec moi ni mécanicien, ni passagers, je me préparai à essayer de réussir, tout seul, une réparation difficile. C'était pour moi une question de vie ou de mort. J'avais à peine de l'eau à boire pour huit jours.

Le premier soir je me suis donc endormi sur le sable à mille milles de toute terre habitée. J'étais bien plus isolé qu'un naufragé sur un radeau au milieu de l'océan. Alors vous imaginez ma surprise, au lever du jour, quand une drôle de petite voix m'a réveillé. Elle disait :…

« S'il vous plaît… dessine-moi un mouton !

— Hein !

— Dessine-moi un mouton… »

J'ai sauté sur mes pieds comme si j'avais été frappé par la foudre. J'ai bien frotté mes yeux. J'ai bien regardé. Et j'ai vu un petit bonhomme tout à fait extraordinaire qui me considérait gravement. Voilà le meilleur portrait que, plus tard, j'ai réussi à faire de lui.

Così ho vissuto la mia vita da solo, senza qualcuno cui poter parlare veramente, finché non rimasi in panne nel deserto del Sahara, sei anni fa. Si era rotta qualcosa dentro al motore. E siccome non avevo con me né un meccanico, né dei passeggeri, mi accinsi a cercare di fare, da solo, una difficile riparazione. Per me era una questione di vita o di morte. Avevo acqua da bere a malapena per otto giorni.

La prima notte quindi, dormii sulla sabbia, a mille miglia da ogni luogo abitato. Ero molto più isolato di un naufrago su una zattera in mezzo all'oceano. Potete quindi immaginare la mia sorpresa, al levar del giorno, quando una strana vocetta mi svegliò, dicendo:

— Per favore… mi disegni una pecora!

— Eh!

— Disegnami una pecora…

Balzai in piedi come se fossi stato colpito da un fulmine. Mi strofinai bene gli occhi. Guardai meglio. E vidi un tipetto davvero straordinario che mi stava guardando con grande serietà. Ecco potete vedere il miglior ritratto che, in seguito, riuscii a fare di lui.

Mais mon dessin, bien sûr, est beaucoup moins ravissant que le modèle. Ce n'est pas de ma faute. J'avais été découragé dans ma carrière de peintre par les grandes personnes, à l'âge de six ans, et je n'avais rien appris à dessiner, sauf les boas fermés et les boas ouverts.

Je regardai donc cette apparition avec des yeux tout ronds d'étonnement. N'oubliez pas que je me trouvais à mille milles de toute région habitée. Or mon petit bonhomme ne me semblait ni égaré, ni mort de fatigue, ni mort de faim, ni

Ma il mio disegno, di sicuro, è molto meno affascinante del modello. La colpa non è mia, però. Ero stato disincentivato verso la mia carriera di pittore dalle persone adulte, all'età di sei anni, e non ho mai imparato a disegnare, tranne che i serpenti boa interi e i serpenti boa in sezione.

Guardavo quindi questa apparizione con gli occhi spalancati per lo stupore. Non dimenticatevi che mi trovavo a mille miglia da una qualsiasi regione abitata. Eppure il mio ometto non sembrava né essersi smarrito, né era stravolto per la fatica, né moribondo per la fame, né avvizzito

mort de soif, ni mort de peur. Il n'avait en rien l'apparence d'un enfant perdu au milieu du désert, à mille milles de toute région habitée. Quand je réussis enfin à parler, je lui dis :

« Mais qu'est-ce que tu fais là ? »

Et il me répéta alors, tout doucement, comme une chose très sérieuse :

« S'il vous plaît… dessine-moi un mouton… »

Quand le mystère est trop impressionnant, on n'ose pas désobéir. Aussi absurde que cela me semblât à mille milles de tous les endroits habités et en danger de mort, je sortis de ma poche une feuille de papier et un stylographe. Mais je me rappelai alors que j'avais surtout étudié la géographie, l'histoire, le calcul et la grammaire et je dis au petit bonhomme (avec un peu de mauvaise humeur) que je ne savais pas dessiner. Il me répondit :

« Ça ne fait rien. Dessine-moi un mouton. »

Comme je n'avais jamais dessiné un mouton je refis, pour lui, l'un des deux seuls dessins dont j'étais capable. Celui du boa fermé. Et je fus stupéfait d'entendre le petit bonhomme me répondre :

« Non ! Non ! Je ne veux pas d'un éléphant dans un boa. Un boa c'est très dangereux, et un éléphant c'est très encombrant. Chez moi c'est tout petit. J'ai besoin d'un mouton. Dessine-moi un mouton. »

Alors j'ai dessiné.

per la sete, né sconvolto per la paura. Non aveva per niente l'aspetto di un bambino che si era smarrito in mezzo al deserto, a mille miglia da qualsiasi regione abitata. Quando alla fine riuscii a parlare, gli dissi:

— Ma che cosa ci fai qui?

E allora mi ripeté, molto lentamente, come si trattasse di una cosa molto importante:

— Per favore, disegnami una pecora…

Quando il mistero è troppo stupefacente, non si osa disubbidire. Per quanto assurdo mi sembrasse, a mille miglia da ogni luogo abitato, e in pericolo di morte, tirai fuori dalla mia tasca un foglio di carta e la penna stilografica. Ma poi mi ricordai che i miei studi si erano concentrati sulla geografia, sulla storia, sull'aritmetica e sulla grammatica e dissi all'ometto (con un po' di malumore) che non sapevo disegnare. E lui mi rispose:

— Non importa. Disegnami una pecora.

Siccome non avevo mai disegnato una pecora, feci, per lui, uno di quei due soli disegni che ero capace di fare: quello del serpente boa intero. E rimasi stupefatto nel sentirmi rispondere dal piccolo uomo:

— No, no! Non voglio un elefante dentro un boa. Un boa è molto pericoloso e un elefante molto ingombrante. Dove vivo io è tutto piccolo. Ho bisogno di una pecora. Disegnami una pecora.

Allora la disegnai:

Il regarda attentivement, puis :

« Non ! Celui-là est déjà très malade. Fais-en un autre. »

Je dessinai :

La guardò attentamente, e poi disse:

— No! Questa pecora è già molto malata. Fammene un'altra.

La disegnai di nuovo:

Mon ami sourit gentiment, avec indulgence :

« Tu vois bien… ce n'est pas un

Il mio amico mi sorrise gentilmente, con indulgenza:

— Lo puoi vedere da te… que-

mouton, c'est un bélier. Il a des cornes... »

Je refis donc encore mon dessin :

sta non è una pecora, è un ariete. Ha le corna...

Quindi rifeci ancora il mio disegno:

Mais il fut refusé, comme les précédents :

« Celui-là est trop vieux. Je veux un mouton qui vive longtemps. »

Alors, faute de patience, comme j'avais hâte de commencer le démontage de mon moteur, je griffonnai ce dessin-ci :

Ma venne rifiutato, come i precedenti.

— Questa qui è troppo vecchia. Voglio una pecora che viva a lungo.

Quindi, spazientito, siccome avevo fretta di cominciare a smontare il mio motore, scarabocchiai questo disegno:

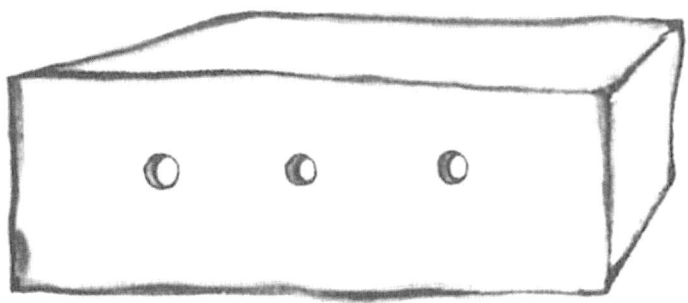

Et je lançai :

« Ça c'est la caisse. Le mouton que tu veux est dedans. »

Mais je fus bien surpris de voir s'illuminer le visage de mon jeune juge :

« C'est tout à fait comme ça que je le voulais ! Crois-tu qu'il faille beaucoup d'herbe à ce mouton ?

— Pourquoi ?

— Parce que chez moi c'est tout petit...

— Ça suffira sûrement. Je t'ai donné un tout petit mouton. »

Il pencha la tête vers le dessin :

« Pas si petit que ça... Tiens ! Il s'est endormi... »

Et c'est ainsi que je fis la connaissance du petit prince.

E la misi così:

— Questa è la cassa. La pecora che volevi è dentro.

E fui molto sorpreso di vedere il viso del mio piccolo giudice illuminarsi:

— Questa è proprio quella che volevo! Pensi che avrà bisogno di molta erba questa pecora?

— Perché?

— Perché dove vivo io è tutto piccolo...

— Sarà certamente sufficiente. Ti ho dato una pecora piuttosto piccola...

Chinò la testa sul disegno:

— Non così piccola che... oh guarda! Si è addormentata...

E fu così che feci la conoscenza del piccolo principe.

III

Il me fallut longtemps pour comprendre d'où il venait. Le petit prince, qui me posait beaucoup de questions, ne semblait jamais entendre les miennes. Ce sont des mots prononcés par hasard qui, peu à peu, m'ont tout révélé. Ainsi, quand il aperçut pour la première fois mon avion (je ne dessinerai pas mon avion, c'est un dessin beaucoup trop compliqué pour moi) il me demanda :

Mi ci volle molto tempo per capire da dove venisse. Il piccolo principe, che mi poneva molte domande, sembrava che non sentisse mai le mie. Sono state le parole dette per caso che, poco a poco, mi hanno rivelato tutto. Così, quando vide per la prima volta il mio aereo (non disegnerò il mio aereo, è un disegno davvero troppo complicato per me), mi domandò:

« Qu'est ce que c'est que cette chose-là ?

— Ce n'est pas une chose. Ça vole. C'est un avion. C'est mon avion. »

Et j'étais fier de lui apprendre que je volais. Alors il s'écria :

« Comment ! tu es tombé du ciel !

— Oui, fis-je modestement.

— Ah ! ça c'est drôle… »

Et le petit prince eut un très joli éclat de rire qui m'irrita beaucoup. Je désire que l'on prenne mes malheurs au sérieux. Puis il ajouta :

— Alors, toi aussi tu viens du ciel ! De quelle planète es-tu ?

J'entrevis aussitôt une lueur, dans le mystère de sa présence, et j'interrogeai brusquement :

— Tu viens donc d'une autre planète ?

Mais il ne me répondit pas. Il hochait la tête doucement tout en regardant mon avion :

— C'est vrai que, là-dessus, tu ne peux pas venir de bien loin…

Et il s'enfonça dans une rêverie qui dura longtemps. Puis, sortant mon mouton de sa poche, il se plongea dans la contemplation de son trésor.

Vous imaginez combien j'avais pu être intrigué par cette demi-confidence sur « les autres planètes ». Je m'efforçai donc d'en savoir plus long :

— D'où viens-tu mon petit bonhomme ? Où est-ce « chez toi » ? Où veux-tu emporter mon mouton ?

— Che cos'è questa cosa qui?

— Non è una cosa. Vola. È un aereo. È il mio aereo.

Ero molto fiero di fargli sapere che volavo. Poi lui esclamò:

— Come! Sei caduto dal cielo!

— Sì, — risposi modestamente.

— Ah! Questa è buffa…

E il piccolo principe scoppiò in una bella risata che mi irritò molto. Desidero che le mie disgrazie siano prese sul serio. Poi aggiunse:

— Allora, anche tu vieni dal cielo! Di quale pianeta sei?

Intravidi immediatamente una luce, nel mistero della sua presenza, e lo interrogai bruscamente:

— Tu vieni dunque da un altro pianeta?

Ma non mi rispose. Scosse lentamente la testa mentre osservava il mio aereo.

— Certo che, su quello, tu non puoi venire da molto lontano…

E sprofondò in una riflessione che durò a lungo. Poi, tirando fuori la mia pecora dalla tasca, si immerse nella contemplazione del suo tesoro.

Potete immaginare come io fossi incuriosito da quella mezza confidenza su "gli altri pianeti". Mi sforzai quindi di saperne un po' di più:

— Da dove vieni tu, mio piccolo uomo? Dov'è "dalle tue parti"? Dove vuoi portare la mia pecora?

Il me répondit après un silence méditatif :

— Ce qui est bien, avec la caisse que tu m'as donnée, c'est que, la nuit, ça lui servira de maison.

— Bien sûr. Et si tu es gentil, je te donnerai aussi une corde pour l'attacher pendant le jour. Et un piquet. »

La proposition parut choquer le petit prince :

« L'attacher ? Quelle drôle d'idée !

— Mais si tu ne l'attaches pas, il ira n'importe où, et il se perdra… »

Et mon ami eut un nouvel éclat de rire :

— Mais où veux-tu qu'il aille !

— N'importe où. Droit devant lui…

Alors le petit prince remarqua gravement :

— Ça ne fait rien, c'est tellement petit, chez moi !

Et, avec un peu de mélancolie, peut-être, il ajouta :

— Droit devant soi on ne peut pas aller bien loin…

Mi rispose dopo aver riflettuto in silenzio:

— Quello che c'è di buono, riguardo alla cassetta che mi hai dato, è che, la notte, le servirà da casa.

— Certo. E se sei buono, ti darò pure una corda per legare la pecora durante il giorno. E un paletto.

La mia proposta parve stupire il piccolo principe:

— Legarla? Che buffa idea!

— Ma se non la leghi, andrà chissà dove e si perderà…

Il mio amico scoppiò in una nuova risata:

— Ma dove vuoi che vada!

— Chissà dove. Dritto davanti a sé…

Allora il piccolo principe mi rispose seriamente:

— Non importa, è talmente piccolo, da me!

E, con un po' di malinconia, forse, aggiunse:

— Dritto davanti a sé non può andare molto lontano…

IV

J'avais ainsi appris une seconde chose très importante : c'est que sa planète d'origine était à peine plus grande qu'une maison !

Ça ne pouvait pas m'étonner beaucoup. Je savais bien qu'en dehors des grosses planètes comme la Terre, Jupiter, Mars, Vénus, auxquelles on a donné des noms, il y en a des centaines d'autres qui sont quelquefois si petites qu'on a beaucoup de mal à les apercevoir au téléscope. Quand un astronome découvre l'une d'elles, il lui donne pour nom un numéro. Il l'appelle par exemple : « l'astéroïde 325 ».

E così avevo saputo una seconda cosa molto importante: che il suo pianeta d'origine era poco più grande di una casa!

Questo non poteva stupirmi molto. Sapevo bene che oltre ai grandi pianeti come la Terra, Giove, Marte, Venere, ai quali si è dato un nome, ce ne sono centinaia di altri che sono a volte così piccoli che si arriva solo a malapena a scorgerli col telescopio. Quando un astronomo scopre uno di questi, gli dà per nome un numero. Lo chiama per esempio: "l'asteroide 325".

J'ai de sérieuses raisons de croire que la planète d'où venait le petit prince est l'astéroïde B 612. Cet astéroïde n'a été aperçu qu'une fois au télescope, en 1909, par un astronome turc.

Ho serie ragioni per credere che il pianeta da dove veniva il piccolo principe sia l'asteroide B 612. Questo asteroide non è stato visto che una volta al telescopio, nel 1909, da un astronomo turco.

Il avait fait alors une grande démonstration de sa découverte à un congrès International d'astronomie. Mais personne ne l'avait cru à cause de son costume. Les grandes personnes sont comme ça.

Heureusement pour la réputation de l'astéroïde B 612, un dictateur turc imposa à son peuple, sous peine de mort, de s'habiller à l'européenne. L'astronome refit sa démonstration en 1920, dans un habit très élégant. Et cette fois-ci tout le monde fut de son avis.

Aveva fatto allora una grande dimostrazione della sua scoperta a un congresso internazionale d'astronomia. Ma nessuno lo aveva preso sul serio, a causa del suo costume. Le persone adulte sono fatte così.

Fortunatamente per la reputazione dell'asteroide B 612, un dittatore turco impose al suo popolo, sotto pena di morte, di vestire all'europea. L'astronomo rifece la sua dimostrazione nel 1920, con un abito molto elegante. E questa volta tutti gli credettero.

Si je vous ai raconté ces détails sur l'astéroïde B 612 et si je vous ai confié son numéro, c'est à cause des grandes personnes. Les grandes personnes aiment les chiffres. Quand vous leur parlez d'un nouvel ami, elles ne vous questionnent jamais sur l'essentiel. Elles ne vous disent jamais : « Quel est le son de sa voix ? Quels sont les jeux qu'il préfère ? Est-ce qu'il collectionne les papillons ? » Elles vous demandent : « Quel âge a-t-il ? Combien a-t-il de frères ? Combien pèse-t-il ? Combien gagne son père ? » Alors seulement elles croient le connaître. Si vous dites aux grandes personnes : « J'ai vu une belle maison en briques roses, avec des géraniums aux fenêtres et des colombes sur le toit... » elles ne parviennent pas à s'imaginer cette maison. Il faut leur dire : « J'ai vu une maison de cent mille francs. » Alors elles s'écrient : « Comme c'est joli ! »

Ainsi, si vous leur dites : « La

Se vi ho raccontato questi dettagli sull'asteroide B 612 e se vi ho rivelato il suo numero, è proprio per le persone adulte. Gli adulti amano le cifre. Quando voi gli parlate di un nuovo amico, non vi chiedono mai le cose essenziali. Non vi domandano mai: "Qual è il tono della sua voce? Quali sono i suoi giochi preferiti? Fa collezione di farfalle?". Vi chiedono: "Quanti anni ha? Ha dei fratelli? Quanto pesa? Quanto guadagna suo padre?" Soltanto allora credono di conoscerlo. Se voi dite alle persone adulte: "Ho visto una bella casa di mattoni rosa, con dei gerani alle finestre e dei colombi sul tetto..." loro non riescono mica a immaginarla questa casa. Bisogna dir loro: "Ho visto una casa da centomila franchi". Allora esclamano: "Com'è bella!".

Così se voi dite loro: "La prova

preuve que le petit prince a existé c'est qu'il était ravissant, qu'il riait, et qu'il voulait un mouton. Quand on veut un mouton, c'est la preuve qu'on existe », elles hausseront les épaules et vous traiteront d'enfant ! Mais si vous leur dites : « La planète d'où il venait est l'astéroïde B 612 » alors elles seront convaincues, et elles vous laisseront tranquille avec leurs questions. Elles sont comme ça. Il ne faut pas leur en vouloir. Les enfants doivent être très indulgents envers les grandes personnes.

Mais, bien sûr, nous qui comprenons la vie, nous nous moquons bien des numéros ! J'aurais aimé commencer cette histoire à la façon des contes de fées. J'aurais aimé dire :

« Il était une fois un petit prince qui habitait une planète à peine plus grande que lui, et qui avait besoin d'un ami… » Pour ceux qui comprennent la vie, ça aurait eu l'air beaucoup plus vrai.

Car je n'aime pas qu'on lise mon livre à la légère. J'éprouve tant de chagrin à raconter ces souvenirs. Il y a six ans déjà que mon ami s'en est allé avec son mouton. Si j'essaie ici de le décrire, c'est afin de ne pas l'oublier. C'est triste d'oublier un ami. Tout le monde n'a pas eu un ami. Et je puis devenir comme les grandes personnes qui ne s'intéressent plus qu'aux chiffres. C'est donc pour ça encore que j'ai acheté une boîte de couleurs et des crayons. C'est dur de se remettre au dessin, à mon âge, quand on n'a jamais fait d'autres tentatives que celle d'un boa fermé et celle d'un

che il piccolo principe è esistito sta nel fatto che era affascinante, che rideva e che voleva una pecora. Quando uno vuole una pecora, questa è la prova che esiste", loro alzeranno le spalle e vi tratteranno come un bambino! Ma se voi gli dite: "Il pianeta da dove veniva è l'asteroide B 612" allora ne saranno convinti e vi lasceranno in pace con le loro domande. Sono fatti così. Non c'è da fargliene una colpa. I bambini devono essere indulgenti con le persone adulte.

Ma, di sicuro, noi che comprendiamo la vita, ce ne infischiamo dei numeri! Mi sarebbe piaciuto cominciare questo racconto come iniziano le fiabe. Mi sarebbe piaciuto dire:

"C'era una volta un piccolo principe che viveva su un pianeta poco più grande di lui e che aveva bisogno di un amico…" Per coloro che comprendono la vita, questo sarebbe stato molto più vero.

Però non mi piace che si legga il mio libro alla leggera. Provo molta sofferenza nel raccontare questi ricordi. Sono già sei anni che il mio amico se ne è andato con la sua pecora. Se io cerco di descriverlo qui è per assicurarmi di non dimenticarlo. È triste dimenticare un amico. Non tutti ne hanno avuto uno. E potrei diventare anch'io come i grandi che non s'interessano ad altro che alle cifre. Ed è anche per questo che ho comprato una scatola di colori e matite. È difficile rimettersi a disegnare, alla mia età, quando non si sono mai fatti altri tentativi che quello di un serpente boa intero e quello di un

boa ouvert, à l'âge de six ans ! J'essaierai, bien sûr, de faire des portraits le plus ressemblants possible. Mais je ne suis pas tout à fait certain de réussir. Un dessin va, et l'autre ne ressemble plus. Je me trompe un peu aussi sur la taille. Ici le petit prince est trop grand. Là il est trop petit. J'hésite aussi sur la couleur de son costume. Alors je tâtonne comme ci et comme ça, tant bien que mal. Je me tromperai enfin sur certains détails plus importants. Mais ça, il faudra me le pardonner. Mon ami ne donnait jamais d'explications. Il me croyait peut-être semblable à lui. Mais moi, malheureusement, je ne sais pas voir les moutons à travers les caisses. Je suis peut-être un peu comme les grandes personnes. J'ai dû vieillir.

serpente boa in sezione, dall'età di sei anni. Cercherò, certamente, di fare dei ritratti il più somiglianti possibili. Ma non sono affatto sicuro di riuscirci. Un disegno va bene, e un altro non assomiglia per niente. Mi sbaglio anche un po' sulla dimensione. Qui il piccolo principe è troppo grande. Là è troppo piccolo. Esito anche sul colore del suo vestito. E allora tento in un modo o nell'altro, ora bene ora male. E finirò per sbagliarmi su certi particolari più importanti. Ma questo, bisognerà perdonarmelo. Il mio amico non mi dava mai delle spiegazioni. Credeva forse che fossi sensibile come lui. Ma io, sfortunatamente, non sapevo vedere le pecore attraverso le casse. Può darsi che io sia un po' come i grandi. Devo essere invecchiato.

V

Chaque jour j'apprenais quelque chose sur la planète, sur le départ, sur le voyage. Ça venait tout doucement, au hasard des réflexions. C'est ainsi que, le troisième jour, je connus le drame des baobabs.

Cette fois-ci encore ce fut grâce au mouton, car brusquement le petit prince m'interrogea, comme pris d'un doute grave :

« C'est bien vrai, n'est-ce pas, que les moutons mangent les arbustes ?

— Oui. C'est vrai.

— Ah ! Je suis content ! »

Je ne compris pas pourquoi il était si important que les moutons mangeassent les arbustes. Mais le petit prince ajouta :

« Par conséquent ils mangent aussi les baobabs ? »

Je fis remarquer au petit prince que les baobabs ne sont pas des arbustes, mais des arbres grands comme des églises et que, si même il emportait avec lui tout un troupeau d'éléphants, ce troupeau ne viendrait pas à bout d'un seul baobab.

L'idée du troupeau d'éléphants fit rire le petit prince :

« Il faudrait les mettre les uns sur les autres... »

Ogni giorno apprendevo qualche cosa sul pianeta, sulla partenza, sul viaggio. Questo avveniva tutto lentamente, per caso, dalle riflessioni. Fu così che, al terzo giorno, conobbi il dramma dei baobab.

Anche questa volta fu grazie alla pecora, perché bruscamente il piccolo principe mi interrogò, come preso da un serio dubbio:

— È proprio vero, non è così, che le pecore mangiano gli arbusti?

— Sì. È vero.

— Ah! Ne sono felice!

Non capii perché era così importante che le pecore mangiassero gli arbusti. Ma il piccolo principe aggiunse:

— Di conseguenza mangiano anche i baobab?

Feci notare al piccolo principe che i baobab non sono degli arbusti, ma degli alberi grandi come chiese e che, se anche avesse portato con sé un'intera mandria di elefanti, questa mandria non sarebbe venuta a capo di un solo baobab.

L'idea della mandria di elefanti fece ridere il piccolo principe:

— Bisognerebbe mettere gli uni su gli altri...

Mais il remarqua avec sagesse :

« Les baobabs, avant de grandir, ça commence par être petit.

— C'est exact ! Mais pourquoi veux-tu que tes moutons mangent les petits baobabs ? »

Il me répondit : « Ben ! Voyons ! » comme il s'agissait là d'une évidence. Et il me fallut un grand effort d'intelligence pour comprendre à moi seul ce problème.

Et en effet, sur la planète du petit prince, il y avait comme sur toutes les planètes, de bonnes herbes et de mauvaises herbes. Par conséquent de bonnes graines de bonnes herbes et

Ma osservò saggiamente:

— I baobab, prima di crescere, cominciano con l'essere piccoli.

— È esatto! Ma perché vuoi che le tue pecore mangino i piccoli baobab?

— Beh! È evidente! — mi rispose come se si trattasse di una cosa ovvia. E mi ci volle un grande sforzo d'intelligenza per capire da solo questo problema.

E in effetti, sul pianeta del piccolo principe, c'erano, come su tutti i pianeti, le erbe buone e le erbe cattive. Di conseguenza semi buoni di erbe buone e semi cattivi di erbe

de mauvaises graines de mauvaises herbes. Mais les graines sont invisibles. Elles dorment dans le secret de la terre jusqu'à ce qu'il prenne fantaisie à l'une d'elles de se réveiller. Alors elle s'étire, et pousse d'abord timidement vers le soleil une ravissante petite brindille inoffensive. S'il s'agit d'une brindille de radis ou de rosier, on peut la laisser pousser comme elle veut. Mais s'il s'agit d'une mauvaise plante, il faut arracher la plante aussitôt, dès qu'on a su la reconnaître. Or il y avait des graines terribles sur la planète du petit prince… c'étaient les graines de baobabs. Le sol de la planète en était infesté. Or un baobab, si l'on s'y prend trop tard, on ne peut jamais plus s'en débarrasser. Il encombre toute la planète. Il la perfore de ses racines. Et si la planète est trop petite, et si les baobabs sont trop nombreux, ils la font éclater.

cattive. Ma i semi sono invisibili. Dormono nel segreto della terra fino a che gli prende la fantasia a uno di loro di risvegliarsi. Allora si stira, e sospinge verso il sole, dapprima timidamente, un incantevole piccolo rametto inoffensivo. Se si tratta di un rametto di ravanello o di rosaio, si può lasciarlo spuntare come vuole. Ma se si tratta di una pianta cattiva, bisogna estirparla immediatamente, appena la si è riconosciuta. C'erano dei terribili semi sul pianeta del piccolo principe… erano i semi dei baobab. Il suolo del pianeta ne era infestato. Ora, un baobab, se lo si prende troppo tardi, non si riesce più a sbarazzarsene. Ingombra tutto il pianeta. Lo perfora con le sue radici. E se il pianeta è troppo piccolo e i baobab sono troppo numerosi, lo fanno scoppiare.

« C'est une question de discipline,

"È una questione di disciplina",

pline, me disait plus tard le petit prince. Quand on a terminé sa toilette du matin, il faut faire soigneusement la toilette de la planète. Il faut s'astreindre régulièrement à arracher les baobabs dès qu'on les distingue d'avec les rosiers auxquels ils ressemblent beaucoup quand ils sont très jeunes. C'est un travail très ennuyeux, mais très facile. »

Et un jour il me conseilla de m'appliquer à réussir un beau dessin, pour bien faire entrer ça dans la tête des enfants de chez moi. « S'ils voyagent un jour, me disait-il, ça pourra leur servir. Il est quelquefois sans inconvénient de remettre à plus tard son travail. Mais, s'il s'agit des baobabs, c'est toujours une catastrophe. J'ai connu une planète, habitée par un paresseux. Il avait négligé trois arbustes... »

Et, sur les indications du petit prince, j'ai dessiné cette planète-là. Je n'aime guère prendre le ton d'un moraliste. Mais le danger des baobabs est si peu connu, et les risques courus par celui qui s'égarerait dans un astéroïde sont si considérables, que, pour une fois, je fais exception à ma réserve. Je dis : « Enfants ! Faites attention aux baobabs ! » C'est pour avertir mes amis du danger qu'ils frôlaient depuis longtemps, comme moi-même, sans le connaître, que j'ai tant travaillé ce dessin-là. La leçon que je donnais en valait la peine. Vous vous demanderez peut-être : Pourquoi n'y a-t-il pas dans ce livre, d'autres dessins aussi grandioses que le dessin des baobabs ? La réponse est bien simple : J'ai essayé mais je n'ai pas pu réussir. Quand j'ai dessiné les

mi diceva in seguito il piccolo principe. "Quando si è finito di lavarsi al mattino, bisogna fare con cura la pulizia del pianeta. Bisogna costringersi regolarmente a strappare i baobab appena li si distinguono dai rosai ai quali assomigliano molto quando sono molto piccoli. È un lavoro molto noioso, ma molto facile."

E un giorno mi consigliò di applicarmi nel fare un bel disegno per far entrare bene questo nella testa dei bambini delle mie parti. "Se un giorno viaggeranno," mi diceva, "questo consiglio gli potrà servire. Qualche volta non crea problemi rimandare a più tardi il proprio lavoro. Ma, se si tratta di baobab, è sempre una catastrofe. Ho conosciuto un pianeta, abitato da un pigro. Aveva trascurato tre arbusti..."

E dalle indicazioni del piccolo principe, ho disegnato quel pianeta. Non mi piace assumere il tono di un moralista. Ma il pericolo dei baobab è così poco conosciuto e i rischi che correrebbero quelli che si smarrissero su un asteroide, così gravi, che una volta tanto ho fatto un'eccezione. E dico: "Bambini! Fate attenzione ai baobab!" E per mettere in guardia i miei amici da un pericolo che hanno sempre sfiorato, compreso me stesso, senza saperlo, ho lavorato molto a questo disegno. L'insegnamento che do giustifica la fatica. Voi mi domanderete forse: perché non ci sono in questo libro altri disegni altrettanto grandiosi come quello dei baobab? La risposta è molto semplice: ci ho provato, ma non ci sono riuscito. Quando ho disegnato i baobab ero animato dal-

baobabs j'ai été animé par le sentiment de l'urgence.

la sensazione che si trattava di un'emergenza.

VI

Ah ! petit prince, j'ai compris, peu à peu, ainsi, ta petite vie mélancolique. Tu n'avais eu longtemps pour distraction que la douceur des couchers de soleil. J'ai appris ce détail nouveau, le quatrième jour au matin, quand tu m'as dit :

« J'aime bien les couchers de soleil. Allons voir un coucher de soleil…

— Mais il faut attendre…

— Attendre quoi ?

— Attendre que le soleil se couche. »

Tu as eu l'air très surpris d'abord, et puis tu as ri de toi-même. Et tu m'as dit :

« Je me crois toujours chez moi ! »

En effet. Quand il est midi aux États-Unis, le soleil, tout le monde le sait, se couche sur la France. Il suffirait de pouvoir aller en France en une minute pour assister au coucher du soleil. Malheureusement la France est bien trop éloignée. Mais, sur ta si petite planète, il te suffisait de tirer ta chaise de quelques pas. Et tu regardais le crépuscule chaque fois que tu le désirais…

« Un jour, j'ai vu le soleil se coucher quarante-quatre fois ! »

Et un peu plus tard tu ajoutais :

« Tu sais… quand on est tellement triste on aime les couchers de soleil… »

Oh! Piccolo principe, poi ho compreso, poco a poco, la tua piccola vita malinconica. Per molto tempo tu non avevi avuto per distrazione che la dolcezza dei tramonti del sole. Ho appreso questo nuovo particolare, la mattina del quarto giorno, quando mi hai detto:

— Mi piacciono tanto i tramonti del sole. Andiamo a vedere un tramonto del sole…

— Ma bisogna aspettare…

— Aspettare che?

— Aspettare che il sole tramonti.

Dapprima hai avuto un'espressione molto sorpresa e poi hai riso di te stesso. E mi hai detto:

— Mi credo sempre dalle mie parti!

In effetti. Quando è mezzogiorno negli Stati Uniti, il sole, lo sanno tutti, tramonta in Francia. Basterebbe poter andare in Francia in un minuto per assistere al tramonto del sole. Sfortunatamente la Francia è davvero troppo lontana. Ma, sul tuo piccolo pianeta, ti bastava spostare la tua sedia di qualche passo. E guardavi il crepuscolo tutte le volte che lo desideravi…

— Un giorno, ho visto il sole tramontare quarantaquattro volte!

E un po' più tardi hai aggiunto:

— Sai… quando si è tanto tristi si amano i tramonti del sole…

— Le jour des quarante-quatre fois tu étais donc tellement triste ? »

Mais le petit prince ne répondit pas.

— Il giorno delle quarantaquattro volte eri quindi molto triste?

Ma il piccolo principe non rispose.

VII

Le cinquième jour, toujours grâce au mouton, ce secret de la vie du petit prince me fut révélé. Il me demanda avec brusquerie, sans préambule, comme le fruit d'un problème longtemps médité en silence :

« Un mouton, s'il mange les arbustes, il mange aussi les fleurs ?

— Un mouton mange tout ce qu'il rencontre.

— Même les fleurs qui ont des épines ?

— Oui. Même les fleurs qui ont des épines.

— Alors les épines, à quoi servent-elles ? »

Il quinto giorno, sempre grazie alla pecora, mi fu svelato questo segreto della vita del piccolo principe. Mi domandò bruscamente, senza preamboli, come il frutto di un problema meditato a lungo in silenzio:

— Una pecora, se mangia gli arbusti, mangia anche i fiori?

— Una pecora mangia tutto quello che trova.

— Anche i fiori che hanno le spine?

— Sì. Anche i fiori che hanno le spine.

— Allora le spine, a che cosa servono?

Je ne le savais pas. J'étais alors très occupé à essayer de dévisser un boulon trop serré de mon moteur.

Non lo sapevo. Ero in quel momento molto occupato a cercare di svitare un bullone troppo stretto del

J'étais très soucieux car ma panne commençait de m'apparaître comme très grave, et l'eau à boire qui s'épuisait me faisait craindre le pire.

« Les épines, à quoi servent-elles ? »

Le petit prince ne renonçait jamais à une question, une fois qu'il l'avait posée. J'étais irrité par mon boulon et je répondis n'importe quoi :

« Les épines, ça ne sert à rien, c'est de la pure méchanceté de la part des fleurs !

— Oh ! »

Mais après un silence il me lança, avec une sorte de rancune :

« Je ne te crois pas ! Les fleurs sont faibles. Elles sont naïves. Elles se rassurent comme elles peuvent. Elles se croient terribles avec leurs épines… »

Je ne répondis rien. À cet instant-là je me disais : « Si ce boulon résiste encore, je le ferai sauter d'un coup de marteau. » Le petit prince dérangea de nouveau mes réflexions :

« Et tu crois, toi, que les fleurs…

— Mais non ! Mais non ! Je ne crois rien ! J'ai répondu n'importe quoi. Je m'occupe, moi, de choses sérieuses ! »

Il me regarda stupéfait.

« De choses sérieuses ! »

Il me voyait, mon marteau à la main, et les doigts noirs de cambouis, penché sur un objet qui lui

mio motore. Ero molto preoccupato perché il mio incidente cominciava ad apparirmi come molto grave e l'acqua da bere che si consumava mi faceva temere il peggio.

— Le spine, a che cosa servono?

Il piccolo principe non rinunciava mai a una domanda, una volta che l'aveva fatta. Io ero irritato per il mio bullone e risposi un po' a caso:

— Le spine, non servono a niente, è pura cattiveria da parte dei fiori.

— Oh!

Ma dopo una pausa sbottò, con una specie di rancore:

— Non ti credo! I fiori sono fragili. Sono ingenui. Si rassicurano come possono. Si credono terribili con le loro spine…

Non risposi nulla. In quel momento mi dicevo: "Se questo bullone resiste ancora, lo farò saltare con un colpo di martello". Il piccolo principe interrupe di nuovo le mie riflessioni:

— E credi, tu, che i fiori…

— Ma no! Ma no! Io non credo niente! Ho risposto una cosa qualsiasi. Mi occupo di cose serie, io!

Mi guardò stupefatto.

— Di cose serie!

Mi osservò, con il martello in mano, le dita nere di grasso, chinato su un oggetto che gli sembrava mol-

semblait très laid.

« Tu parles comme les grandes personnes ! »

Ça me fit un peu honte. Mais, impitoyable, il ajouta :

« Tu confonds tout... tu mélanges tout ! »

Il était vraiment très irrité. Il secouait au vent des cheveux tout dorés :

to brutto.

— Parli come i grandi!

Ne ebbi un po' vergogna. Ma, impietosamente, aggiunse:

— Tu confondi tutto... tu mescoli tutto!

Era veramente molto irritato. Scosse al vento i suoi capelli tutti dorati.

« Je connais une planète où il y a un monsieur cramoisi. Il n'a jamais respiré une fleur. Il n'a jamais

— Io conosco un pianeta dove c'è un signore rubicondo. Non ha mai annusato un fiore. Non ha mai

regardé une étoile. Il n'a jamais aimé personne. Il n'a jamais rien fait d'autre que des additions. Et toute la journée il répète comme toi : "Je suis un homme sérieux !Je suis un homme sérieux !" et ça le fait gonfler d'orgueil. Mais ce n'est pas un homme, c'est un champignon !

— Un quoi ?

— Un champignon ! »

Le petit prince était maintenant tout pâle de colère.

« Il y a des millions d'années que les fleurs fabriquent des épines. Il y a des millions d'années que les moutons mangent quand même les fleurs. Et ce n'est pas sérieux de chercher à comprendre pourquoi elles se donnent tant de mal pour se fabriquer des épines qui ne servent jamais à rien ? Ce n'est pas important la guerre des moutons et des fleurs ? Ce n'est pas sérieux et plus important que les additions d'un gros monsieur rouge ? Et si je connais, moi, une fleur unique au monde, qui n'existe nulle part, sauf dans ma planète, et qu'un petit mouton peut anéantir d'un seul coup, comme ça, un matin, sans se rendre compte de ce qu'il fait, ce n'est pas important ça ! »

Il rougit, puis reprit :

« Si quelqu'un aime une fleur qui n'existe qu'à un exemplaire dans les millions et les millions d'étoiles, ça suffit pour qu'il soit heureux quand il les regarde. Il se dit : "Ma fleur est là quelque part..." Mais si le mouton mange la fleur, c'est pour lui comme si, brusquement, toutes les étoiles s'éteignaient ! Et ce n'est pas

guardato una stella. Non ha mai voluto bene a nessuno. Non fa niente altro che addizioni. E tutto il giorno ripete come te: "Io sono un uomo serio! Io sono un uomo serio!" e ciò lo fa gonfiare di orgoglio. Ma non è un uomo, è un fungo!

— Un che?

— Un fungo!

Il piccolo principe nel frattempo era impallidito per la collera.

— È da milioni di anni che i fiori producono le spine. È da milioni di anni che le pecore mangiano lo stesso i fiori. E non è una cosa seria cercare di comprendere perché si danno tanto da fare per fabbricarsi delle spine che non servono a niente? Non è importante la guerra fra le pecore e i fiori? Non è più serio e più importante delle addizioni di un grosso signore paonazzo? E se conosco, io, un fiore unico al mondo, che non esiste da nessuna parte, eccetto che sul mio pianeta e che una piccola pecora può distruggere in un sol colpo, così, un mattino, senza rendersi conto di quello che fa, non è importante questo!

Arrossì, poi riprese:

— Se qualcuno ama un fiore di cui ne esiste un solo esemplare fra milioni e milioni di stelle, questo basta a renderlo felice quando le guarda. E lui si dice: "il mio fiore è là da qualche parte...". Ma se la pecora mangia il fiore, è come se per lui, tutto a un tratto, tutte le stelle si spegnessero! E non è importante

important ça ! »

Il ne put rien dire de plus. Il éclata brusquement en sanglots. La nuit était tombée. J'avais lâché mes outils. Je me moquais bien de mon marteau, de mon boulon, de la soif et de la mort. Il y avait sur une étoile, une planète, la mienne, la Terre, un petit prince à consoler ! Je le pris dans les bras. Je le berçai. Je lui disais : « La fleur que tu aimes n'est pas en danger… Je lui dessinerai une muselière, à ton mouton… Je te dessinerai une armure pour ta fleur… Je… » Je ne savais pas trop quoi dire. Je me sentais très maladroit. Je ne savais comment l'atteindre, où le rejoindre… C'est tellement mystérieux, le pays des larmes !

questo!

Non poté dire nient'altro. Scoppiò bruscamente in singhiozzi. Era scesa la notte. Avevo abbandonato i miei utensili. Me ne infischiavo del mio martello, del mio bullone, della sete e della morte. C'era su una stella, su un pianeta, il mio, la Terra, un piccolo principe da consolare! Lo presi in braccio. Lo cullai. Gli dicevo: "Il fiore che tu ami non è in pericolo… Le disegnerò una museruola, alla tua pecora… ti disegnerò una corazza per il tuo fiore… Io…". Non sapevo bene che cosa dirgli. Mi sentivo molto maldestro. Non sapevo come raggiungerlo, dove ritrovarlo… È talmente misterioso, il paese delle lacrime!

VIII

J'appris bien vite à mieux connaître cette fleur. Il y avait toujours eu, sur la planète du petit prince, des fleurs très simples, ornées d'un seul rang de pétales, et qui ne tenaient point de place, et qui ne dérangeaient personne. Elles apparaissaient un matin dans l'herbe, et puis elles s'éteignaient le soir. Mais celle-là avait germé un jour, d'une graine apportée d'on ne sait où, et le petit prince avait surveillé de très près cette brindille qui ne ressemblait pas aux autres brindilles. Ça pouvait être un nouveau genre de baobab. Mais l'arbuste cessa vite de croître, et commença de préparer une fleur. Le petit prince, qui assistait à l'installation d'un bouton énorme, sentait bien qu'il en sortirait une apparition miraculeuse, mais la fleur n'en finissait pas de se préparer à être belle, à l'abri de sa chambre verte. Elle choisissait avec soin ses couleurs. Elle s'habillait lentement, elle ajustait un à un ses pétales. Elle ne voulait pas sortir toute fripée comme les coquelicots. Elle ne voulait apparaître que dans le plein rayonnement de sa beauté. Eh ! oui. Elle était très coquette ! Sa toilette mystérieuse avait donc duré des jours et des jours. Et puis voici qu'un matin, justement à l'heure du lever du soleil, elle s'était montrée.

Imparai ben presto a conoscere meglio questo fiore. C'erano sempre stati, sul pianeta del piccolo principe, dei fiori molto semplici, ornati di una sola fila di petali, che non tenevano alcun posto e di cui nessuno si preoccupava. Apparivano un mattino nell'erba e poi sparivano la sera. Ma questo era spuntato un giorno, da un seme venuto chissà da dove, e il piccolo principe aveva sorvegliato da molto vicino questo ramoscello che non somigliava a nessun altro ramoscello. Poteva essere una nuova specie di baobab. Ma l'arbusto cessò presto di crescere e cominciò a preparare un fiore. Il piccolo principe, che assisteva alla formazione di un bocciolo enorme, sentiva proprio che ne sarebbe uscita un'apparizione miracolosa, ma il fiore non smetteva più di prepararsi per essere bello, al riparo della sua camera verde. Sceglieva con cura i suoi colori. Si vestiva lentamente, aggiustava i suoi petali uno a uno. Non voleva uscire tutto sgualcito come i papaveri. Non voleva apparire che nel pieno splendore della sua bellezza. Eh! sì. Era molto civettuolo! La sua misteriosa toeletta era durata giorni e giorni. E poi ecco che un mattino, proprio all'ora del levar del sole, si era mostrato.

Et elle, qui avait travaillé avec tant de précision, dit en bâillant :

« Ah ! Je me réveille à peine… Je vous demande pardon… Je suis encore toute décoiffée… »

Le petit prince, alors, ne put contenir son admiration :

« Que vous êtes belle !

— N'est-ce pas, répondit doucement la fleur. Et je suis née en même temps que le soleil… »

Le petit prince devina bien qu'elle n'était pas trop modeste, mais elle était si émouvante !

« C'est l'heure, je crois, du petit déjeuner, avait-elle bientôt ajouté, auriez-vous la bonté de penser à moi… »

E lui, che aveva lavorato con tanta precisione, disse sbadigliando:

— Ah! Mi sono appena svegliato… Ti chiedo scusa… sono ancora tutto spettinato…

Il piccolo principe, allora, non poté contenere la sua ammirazione:

— Come sei bello!

— Vero, — rispose dolcemente il fiore. — E sono nato nello stesso istante insieme al sole…

Il piccolo principe intuì che non era molto modesto, ma era così commovente!

— Credo che questa sia l'ora della colazione, — aggiunse subito, — saresti così gentile da pensare a me…

Et le petit prince, tout confus, ayant été chercher un arrosoir d'eau fraîche, avait servi la fleur.

Ainsi l'avait-elle bien vite tourmenté par sa vanité un peu ombrageuse. Un jour, par exemple, parlant de ses quatre épines, elle avait dit au petit prince :

« Ils peuvent venir, les tigres, avec leurs griffes ! »

E il piccolo principe, tutto confuso, dopo essere andato a cercare un innaffiatoio di acqua fresca, servì il fiore.

Così l'aveva ben presto tormentato con la sua vanità un poco ombrosa. Un giorno, per esempio, parlando delle sue quattro spine, aveva detto al piccolo principe:

— Possono venire le tigri, con i loro artigli!

— Il n'y a pas de tigres sur ma planète, avait objecté le petit prince, et puis les tigres ne mangent pas d'herbe.

— Je ne suis pas une herbe, avait doucement répondu la fleur.

— Pardonnez-moi…

— Je ne crains rien des tigres, mais j'ai horreur des courants d'air. Vous n'auriez pas un paravent ? »

— Non ci sono tigri sul mio pianeta, — aveva obiettato il piccolo principe, — e poi le tigri non mangiano l'erba.

— Io non sono un'erba, — aveva lentamente riposto il fiore.

— Perdonami…

— Non temo affatto le tigri, ma ho il terrore delle correnti d'aria. Non avresti mica un paravento?

« Horreur des courants d'air… ce n'est pas de chance, pour une plante, avait remarqué le petit prince. Cette fleur est bien compliquée… »

« Le soir vous me mettrez sous un globe. Il fait très froid chez vous. C'est mal installé. Là d'où je viens… »

Mais elle s'était interrompue. Elle était venue sous forme de graine. Elle n'avait rien pu connaître des autres mondes. Humiliée de s'être laissé surprendre à préparer un mensonge aussi naïf, elle avait toussé deux ou trois fois, pour mettre le petit prince dans son tort :

« Ce paravent ? …

— J'allais le chercher mais vous me parliez ! »

Alors elle avait forcé sa toux pour lui infliger quand même des remords.

Ainsi le petit prince, malgré la bonne volonté de son amour, avait

— Terrore delle correnti d'aria… questo non è una fortuna, per una pianta — aveva osservato il piccolo principe. — Questo fiore è molto complicato…

— Alla sera mettimi sotto a una campana di vetro. Fa molto freddo qui da te. C'è una cattiva esposizione. Da dove vengo io…

Ma si era interrotto. Era venuto sotto forma di seme. Non poteva conoscere nulla degli altri mondi. Umiliato di essersi lasciato sorprendere a dire una bugia così ingenua, aveva tossito due o tre volte, per mettere il piccolo principe dalla parte del torto:

— E questo paravento?…

— Stavo per andare a cercarlo, ma tu mi parlavi!

Allora aveva forzato la sua tosse per fargli venire lo stesso i rimorsi.

Così il piccolo principe, malgrado tutta la buona volontà del suo

vite douté d'elle. Il avait pris au sérieux des mots sans importance, et était devenu très malheureux.

amore, presto incominciò a dubitare di lui. Aveva preso sul serio delle parole senza importanza ed era diventato molto infelice.

« J'aurais dû ne pas l'écouter, me confia-t-il un jour, il ne faut jamais écouter les fleurs. Il faut les regarder et les respirer. La mienne embaumait ma planète, mais je ne savais pas m'en réjouir. Cette histoire de griffes, qui m'avait tellement agacé, eût dû m'attendrir... »

Il me confia encore :

« Je n'ai alors rien su comprendre ! J'aurais dû la juger sur les actes et non sur les mots. Elle m'embaumait et m'éclairait. Je n'aurais jamais dû m'enfuir ! J'aurais dû deviner sa tendresse derrière ses pauvres ruses. Les fleurs sont si contradictoires ! Mais j'étais trop jeune pour savoir l'aimer. »

— Non avrei dovuto ascoltarlo, — mi disse un giorno, — non si dovrebbero mai ascoltare i fiori. Dobbiamo guardarli e annusarli. Il mio profumava il mio pianeta, ma non riuscivo a rallegrarmene. Questa storia degli artigli, che mi aveva disturbato tanto, avrebbe dovuto intenerirmi ...

E mi confidò ancora:

— Non ero in grado di capire niente allora! Avrei dovuto giudicare dai fatti e non dalle parole. Mi dava il suo profumo e mi illuminava. Non avrei mai dovuto andarmene! Avrei dovuto intuire il suo affetto dietro i suoi miseri trucchetti. I fiori sono così contraddittori! Ma ero troppo giovane per riuscire ad amarlo.

IX

Je crois qu'il profita, pour son évasion, d'une migration d'oiseaux sauvages.

Au matin du départ il mit sa planète bien en ordre. Il ramona soigneusement ses volcans en activité. Il possédait deux volcans en activité. Et c'était bien commode pour faire chauffer le petit déjeuner du matin. Il possédait aussi un volcan éteint. Mais, comme il disait, « On ne sait jamais ! » Il ramona donc également le volcan éteint. S'ils sont bien ramonés, les volcans

Credo che approfittò, per venir via, di una migrazione di uccelli selvatici.

Il mattino della partenza mise bene in ordine il suo pianeta. Spazzò accuratamente il camino dei suoi vulcani in attività. Possedeva due vulcani in attività. E facevano davvero comodo per far scaldare la colazione al mattino. E possedeva anche un vulcano spento. Ma, come diceva lui, "non si sa mai". E così spazzò anche il vulcano spento. Se sono ben puliti, i vulcani

brûlent doucement et régulièrement, sans éruptions. Les éruptions volcaniques sont comme des feux de cheminée. Évidemment sur notre terre nous sommes beaucoup trop petits pour ramoner nos volcans. C'est pourquoi ils nous causent des tas d'ennuis.

bruciano lentamente e regolarmente, senza eruzioni. Le eruzioni vulcaniche sono come gli scoppi nei caminetti. È evidente che sulla nostra terra noi siamo parecchio troppo piccoli per poter spazzare i nostri vulcani. È per questo che ci causano tanti guai.

Le petit prince arracha aussi, avec un peu de mélancolie, les dernières pousses de baobabs. Il croyait ne plus jamais devoir revenir. Mais tous ces travaux familiers lui parurent, ce matin-là, extrêmement doux. Et, quand il arrosa une

Il piccolo principe sradicò anche, con una certa malinconia, gli ultimi germogli di baobab. Credeva di non dover ritornare mai più. Ma tutti quei lavori abituali gli sembravano, quel mattino lì, estremamente confortanti. E, quando innaffiò per l'ultima volta il suo fiore, e si

dernière fois la fleur, et se prépara à la mettre à l'abri sous son globe, il se découvrit l'envie de pleurer.

« Adieu », dit-il à la fleur.

Mais elle ne lui répondit pas.

« Adieu », répéta-t-il.

La fleur toussa. Mais ce n'était pas à cause de son rhume.

« J'ai été sotte, lui dit-elle enfin. Je te demande pardon. Tâche d'être heureux. »

Il fut surpris par l'absence de reproches. Il restait là tout déconcerté, le globe en l'air. Il ne comprenait pas cette douceur calme.

« Mais oui, je t'aime, lui dit la fleur. Tu n'en a rien su, par ma faute. Cela n'a aucune importance. Mais tu as été aussi sot que moi. Tâche d'être heureux… Laisse ce globe tranquille. Je n'en veux plus.

— Mais le vent…

— Je ne suis pas si enrhumée que ça… L'air frais de la nuit me fera du bien. Je suis une fleur.

— Mais les bêtes…

— Il faut bien que je supporte deux ou trois chenilles si je veux connaître les papillons. Il paraît que c'est tellement beau. Sinon qui me rendra visite ? Tu seras loin, toi. Quant aux grosses bêtes, je ne crains rien. J'ai mes griffes. »

Et elle montrait naïvement ses quatre épines. Puis elle ajouta :

« Ne traîne pas comme ça, c'est agaçant. Tu as décidé de partir. Va t-en. »

Car elle ne voulait pas qu'il la vît pleurer. C'était une fleur tellement orgueilleuse…

preparò a metterlo al riparo sotto la sua campana di vetro, scoprì di aver voglia di piangere.

— Addio — disse al fiore.

Ma il fiore non rispose.

— Addio — ripeté.

Il fiore tossì. Ma non a causa del suo raffreddore.

— Sono stato uno sciocco — disse alla fine. — Ti chiedo perdono. Cerca di essere felice.

Fu sorpreso dalla mancanza di rimproveri. Rimase fermo, completamente sconcertato, con la campana di vetro per aria. Non capiva quella pacata dolcezza.

— Ma sì, ti voglio bene, — disse il fiore, — e tu non l'hai mai saputo, per colpa mia. Questo non ha alcuna importanza. Ma sei stato sciocco quanto me. Cerca di essere felice… Lascia stare questa campana di vetro. Non la voglio più.

— Ma il vento…

— Non sono così raffreddato che questa…. L'aria fresca della notte mi farà bene. Sono un fiore.

— Ma le bestie…

— Devo pur sopportare due o tre bruchi se voglio conoscere le farfalle. Sembra che siano così belle. Se no chi verrà a farmi visita? Tu, tu sarai lontano. Quanto alle grosse bestie, non ho affatto paura. Ho i miei artigli.

E mostrava ingenuamente le sue quattro spine. Poi aggiunse:

— Non indugiare così, è irritante. Hai deciso di partire. Vattene.

Perché non voleva che io lo vedessi piangere. Era un fiore talmente orgoglioso…

X

Il se trouvait dans la région des astéroïdes 325, 326, 327, 328, 329 et 330. Il commença donc par les visiter pour y chercher une occupation et pour s'instruire.

Le premier était habité par un roi. Le roi siégeait, habillé de pourpre et d'hermine, sur un trône très simple et cependant majestueux.

Si trovava nella regione degli asteroidi 325, 326, 327, 328, 329 e 330. Cominciò quindi a visitarli per cercare un'occupazione e per istruirsi.

Il primo era abitato da un re. Il re, vestito di porpora e d'ermellino, sedeva su un trono molto semplice e allo stesso tempo maestoso.

« Ah ! Voilà un sujet ! » s'écria le roi quand il aperçut le petit prince.

Et le petit prince se demanda :

« Comment peut-il me reconnaître puisqu'il ne m'a encore jamais vu ! »

Il ne savait pas que, pour les rois, le monde est très simplifié. Tous les hommes sont des sujets.

« Approche-toi que je te voie mieux », lui dit le roi qui était tout fier d'être enfin roi pour quelqu'un.

Le petit prince chercha des yeux où s'asseoir, mais la planète était tout encombrée par le magnifique manteau d'hermine. Il resta donc debout, et, comme il était fatigué, il bâilla.

— Il est contraire à l'étiquette de bâiller en présence d'un roi, lui dit le monarque. Je te l'interdis.

— Je ne peux pas m'en empêcher, répondit le petit prince tout confus. J'ai fait un long voyage et je n'ai pas dormi…

— Alors, lui dit le roi, je t'ordonne de bâiller. Je n'ai vu personne bâiller depuis des années. Les bâillements sont pour moi des curiosités. Allons ! bâille encore. C'est un ordre.

— Ça m'intimide… je ne peux plus… , fit le petit prince tout rougissant.

— Hum ! Hum ! répondit le roi. Alors je… je t'ordonne tantôt de bâiller et tantôt de… »

Il bredouillait un peu et paraissait vexé.

— Ah! Ecco un suddito! — esclamò il re appena comparve il piccolo principe.

E il piccolo principe si domandò:

"Come può riconoscermi dal momento che non mi ha ancora mai visto!"

Non sapeva che, per i re, il mondo è molto semplificato. Tutti gli uomini sono dei sudditi.

— Avvicinati che ti veda meglio — gli disse il re che era molto fiero di essere finalmente re per qualcuno.

Il piccolo principe cercò con gli occhi dove potersi sedere, ma il pianeta era tutto ingombro dal magnifico manto di ermellino. Allora rimase in piedi, e, siccome era stanco, sbadigliò.

— È contro l'etichetta sbadigliare alla presenza di un re, — gli disse il monarca, — te lo proibisco.

— Non posso farne a meno, — rispose tutto confuso il piccolo principe, — ho fatto un lungo viaggio e non ho dormito…

— Allora, — gli disse il re, — ti ordino di sbadigliare. Non vedo nessuno sbadigliare da anni. Gli sbadigli sono una curiosità per me. Avanti! Sbadiglia ancora. È un ordine.

— Mi avete intimidito… non posso più… — disse il piccolo principe arrossendo.

— Hum! Hum! rispose il re. — Allora io… io ti ordino di sbadigliare e qualche volta di…

Borbottò un po' e sembrò irritato.

Car le roi tenait essentiellement à ce que son autorité fût respectée. Il ne tolérait pas le désobéissance. C'était un monarque absolu. Mais comme il était très bon, il donnait des ordres raisonnables.

« Si j'ordonnais, disait-il couramment, si j'ordonnais à un général de se changer en oiseau de mer, et si le général n'obéissait pas, ce ne serait pas la faute du général. Ce serait ma faute. »

« Puis-je m'asseoir ? s'enquit timidement le petit prince.

— Je t'ordonne de t'asseoir », lui répondit le roi, qui ramena majestueusement un pan de son manteau d'hermine.

Mais le petit prince s'étonnait. La planète était minuscule. Sur quoi le roi pouvait-il bien régner ?

« Sire, lui dit-il... je vous demande pardon de vous interroger...

— Je t'ordonne de m'interroger, se hâta de dire le roi.

— Sire... sur quoi régnez-vous ?

— Sur tout, répondit le roi, avec une grande simplicité.

— Sur tout ? »

Le roi d'un geste discret désigna sa planète, les autres planètes et les étoiles.

« Sur tout ça ? dit le petit prince.

— Sur tout ça... », répondit le roi.

Car non seulement c'était un monarque absolu mais c'était un monarque universel.

Perché il re teneva assolutamente a che la sua autorità fosse rispettata. Non tollerava la disubbidienza. Era un monarca assoluto. Ma siccome era molto buono, dava degli ordini ragionevoli.

— Se ordinassi, — diceva abitualmente, — se ordinassi a un generale di trasformarsi in un uccello marino e se il generale non ubbidisse, non sarebbe colpa del generale. Sarebbe colpa mia.

— Posso sedermi? — s'informò timidamente il piccolo principe.

— Ti ordino di sederti — gli rispose il re che ritirò maestosamente una falda del suo mantello di ermellino.

Ma il piccolo principe era attonito. Il pianeta era minuscolo. Su che cosa poteva regnare il re allora?

— Sire, — gli disse... — vi chiedo scusa se vi interrogo...

— Ti ordino di interrogarmi — si affrettò a rispondere il re.

— Sire... su che cosa regnate voi?

— Su tutto — rispose il re con grande naturalezza.

— Su tutto?

Il re con noncuranza indicò il suo pianeta, gli altri pianeti e le stelle.

— Su tutto questo? — disse il piccolo principe.

— Su tutto questo... — rispose il re.

Perché non era solamente un monarca assoluto, ma era un monarca universale.

« Et les étoiles vous obéissent ?

— Bien sûr, lui dit le roi. Elles obéissent aussitôt. Je ne tolère pas l'indiscipline. »

Un tel pouvoir émerveilla le petit prince. S'il l'avait détenu lui-même, il aurait pu assister, non pas à quarante-quatre, mais à soixante-douze, ou même à cent, ou même à deux cents couchers de soleil dans la même journée, sans avoir jamais à tirer sa chaise ! Et comme il se sentait un peu triste à cause du souvenir de sa petite planète abandonnée, il s'enhardit à solliciter une grâce du roi :

« Je voudrais voir un coucher de soleil… Faites-moi plaisir… Ordonnez au soleil de se coucher…

— Si j'ordonnais à un général de voler d'une fleur à l'autre à la façon d'un papillon, ou d'écrire une tragédie, ou de se changer en oiseau de mer, et si le général n'exécutait pas l'ordre reçu, qui, de lui ou de moi, serait dans son tort ?

— Ce serait vous, dit fermement le petit prince.

— Exact. Il faut exiger de chacun ce que chacun peut donner, reprit le roi. L'autorité repose d'abord sur la raison. Si tu ordonnes à ton peuple d'aller se jeter à la mer, il fera la révolution. J'ai le droit d'exiger l'obéissance parce que mes ordres sont raisonnables.

— Alors mon coucher de soleil ? rappela le petit prince qui jamais n'oubliait une question une fois qu'il l'avait posée.

— E le stelle vi obbediscono?

— Certamente — gli disse il re. — Mi obbediscono immediatamente. Non tollero l'indisciplina.

Un tale potere meravigliò il piccolo principe. Se l'avesse avuto lui, avrebbe potuto assistere, non a quarantaquattro, ma settantadue, o anche a cento, o pure a duecento tramonti nella stessa giornata, senza dover spostare mai la sua sedia! E siccome si sentiva un po' triste nel ricordare il suo piccolo pianeta abbandonato, si azzardò a sollecitare una grazia al re:

— Vorrei tanto vedere un tramonto del sole… Concedetemi questo favore… Ordinate al sole di tramontare…

— Se ordinassi a un generale di volare da un fiore all'altro come una farfalla, o di scrivere una tragedia, o di trasformarsi in un uccello marino e se il generale non eseguisse l'ordine ricevuto, chi, fra me o lui, avrebbe torto?

— L'avreste voi — disse con fermezza il piccolo principe.

— Esatto. Bisogna esigere da ciascuno quel che ciascuno può dare, — continuò il re, — l'autorità si basa principalmente sulla ragione. Se tu ordini al tuo popolo di andare a gettarsi in mare, farà la rivoluzione. Ho il diritto di esigere l'obbedienza perché i miei ordini sono ragionevoli.

— E allora il mio tramonto del sole? — rammentò il piccolo principe che non si dimenticava mai di una domanda una volta che l'aveva posta.

— Ton coucher de soleil, tu l'auras. Je l'exigerai. Mais j'attendrai, dans ma science du gouvernement, que les conditions soient favorables.

— Quand ça sera-t-il ? s'informa le petit prince.

— Hem ! Hem ! lui répondit le roi, qui consulta d'abord un gros calendrier, hem ! hem ! ce sera, vers... vers... ce sera ce soir vers sept heures quarante ! Et tu verras comme je suis bien obéi. »

Le petit prince bâilla. Il regrettait son coucher de soleil manqué. Et puis il s'ennuyait déjà un peu :

« Je n'ai plus rien à faire ici, dit-il au roi. Je vais repartir !

— Ne pars pas, répondit le roi qui était si fier d'avoir un sujet. Ne pars pas, je te fais ministre !

— Ministre de quoi ?

— De... de la Justice !

— Mais il n'y a personne à juger !

— On ne sait pas, lui dit le roi. Je n'ai pas fait encore le tour de mon royaume. Je suis très vieux, je n'ai pas de place pour un carrosse, et ça me fatigue de marcher.

— Oh ! Mais j'ai déjà vu, dit le petit prince qui se pencha pour jeter encore un coup d'œil sur l'autre côté de la planète. Il n'y a personne là-bas non plus...

— Tu te jugeras donc toi-même, lui répondit le roi. C'est le plus difficile. Il est bien plus difficile de se juger soi-même que de juger autrui. Si tu réussis à bien te juger, c'est que

— Il tuo tramonto, lo avrai. Lo esigerò. Ma aspetterò, nella mia sapienza di governo, che le condizioni siano favorevoli.

— E quando lo saranno? — s'informò il piccolo principe.

— Hem! Hem! — gli rispose il re, che in primo luogo consultò un grande calendario, — hem! hem! sarà verso... Verso... Sarà questa sera verso le ore sette e quaranta! E vedrai come verrò strettamente ubbidito.

Il piccolo principe sbadigliò. Rimpiangeva il suo mancato tramonto del sole. E poi iniziava già ad annoiarsi un po'.

— Non ho più niente da fare qui, — disse al re, — sto per ripartire!

— Non partire, — rispose il re che era così fiero di avere un suddito. — Non partire, ti farò ministro!

— Ministro di che?

— Della... della giustizia!

— Ma non c'è nessuno da giudicare!

— Non si sa, — gli disse il re — non ho ancora fatto il giro del mio regno. Sono molto vecchio, non c'è posto per una carrozza, e mi affatico a camminare.

— Oh! Ma ho già visto io, — disse il piccolo principe sporgendosi per dare ancora un'occhiata sull'altra parte del pianeta, — non c'è nessuno neanche lì.

— Allora giudicherai te stesso, — gli rispose il re, — è la cosa più difficile. E molto più difficile giudicare se stessi che giudicare gli altri. Se riesci a giudicarti correttamente,

tu es un véritable sage.

— Moi, dit le petit prince, je puis me juger moi-même n'importe où. Je n'ai pas besoin d'habiter ici.

— Hem ! Hem ! dit le roi, je crois bien que sur ma planète il y a quelque part un vieux rat. Je l'entends la nuit. Tu pourras juger ce vieux rat. Tu le condamneras à mort de temps en temps. Ainsi sa vie dépendra de ta justice. Mais tu le gracieras chaque fois pour l'économiser. Il n'y en a qu'un.

— Moi, répondit le petit prince, je n'aime pas condamner à mort, et je crois bien que je m'en vais.

— Non », dit le roi.

Mais le petit prince, ayant achevé ses préparatifs, ne voulut point peiner le vieux monarque :

— Si votre Majesté désirait être obéie ponctuellement, Elle pourrait me donner un ordre raisonnable. Elle pourrait m'ordonner, par exemple, de partir avant une minute. Il me semble que les conditions sont favorables… »

Le roi n'ayant rien répondu, le petit prince hésita d'abord, puis, avec un soupir, prit le départ...

« Je te fais mon ambassadeur », se hâta alors de crier le roi.

Il avait un grand air d'autorité.

« Les grandes personnes sont bien étranges », se dit le petit prince, en lui même, durant son voyage.

questo fa di te un vero saggio.

— Me stesso, — disse il piccolo principe, — io posso giudicarmi da qualsiasi parte. Non ho bisogno di abitare qui.

— Hem! hem! — disse il re — credo davvero che sul mio pianeta, da qualche parte, ci sia un vecchio topo. Lo sento durante la notte. Potrai giudicare questo vecchio topo. Lo condannerai a morte di tanto in tanto. Così la sua vita dipenderà dalla tua giustizia. Ma lo grazierai ogni volta per risparmiarlo. Non ce n'è che uno.

— A me, — rispose il piccolo principe, — non piace condannare a morte, e credo proprio che me ne andrò.

— No — disse il re.

Ma il piccolo principe, avendo terminato i suoi preparativi, non voleva dare un dolore al vecchio monarca:

— Se Vostra Maestà desidera essere ubbidito puntualmente, potete darmi un ordine ragionevole. Potreste ordinarmi, per esempio, di partir entro un minuto. Mi pare che le condizioni siano favorevoli…

Il re non rispondeva nulla, il piccolo principe dapprima esitò, poi, con un sospiro, si apprestò a partire…

— Ti nomino mio ambasciatore — si affrettò allora a gridargli il re.

Aveva un'aria di grande autorità.

"Sono ben strani i grandi", si disse il piccolo principe, fra sé, durante il suo viaggio.

XI

La seconde planète était habitée par un vaniteux :

« Ah ! Ah ! Voilà la visite d'un admirateur ! » s'écria de loin le vaniteux dès qu'il aperçut le petit prince.

Car, pour les vaniteux, les autres

Il secondo pianeta era abitato da un vanitoso.

— Ah! Ah! Ecco la visita di un ammiratore — gridò da lontano il vanitoso appena scorse il piccolo principe.

Poiché, per i vanitosi, tutti gli al-

hommes sont des admirateurs.

« Bonjour, dit le petit prince. Vous avez un drôle de chapeau.

— C'est pour saluer, lui répondit le vaniteux. C'est pour saluer quand on m'acclame. Malheureusement il ne passe jamais personne par ici.

— Ah oui ? dit le petit prince qui ne comprit pas.

— Frappe tes mains l'une contre l'autre », conseilla donc le vaniteux.

Le petit prince frappa ses mains l'une contre l'autre. Le vaniteux salua modestement en soulevant son chapeau.

« Ça c'est plus amusant que la visite au roi », se dit en lui même le petit prince. Et il recommença de frapper ses mains l'une contre l'autre. Le vaniteux recommença de saluer en soulevant son chapeau.

Après cinq minutes d'exercice le petit prince se fatigua de la monotonie du jeu :

« Et, pour que le chapeau tombe, demanda-t-il, que faut-il faire ? »

Mais le vaniteux ne l'entendit pas. Les vaniteux n'entendent jamais que les louanges.

« Est-ce que tu m'admires vraiment beaucoup ? demanda-t-il au petit prince.

— Qu'est-ce que signifie admirer ?

— Admirer signifie reconnaître que je suis l'homme le plus beau, le mieux habillé, le plus riche et le plus

tri uomini sono degli ammiratori.

— Buon giorno, — disse il piccolo principe, — avete un cappello divertente.

— È per salutare — gli rispose il vanitoso. — È per salutare quando mi acclamano. Sfortunatamente non passa mai nessuno di qui.

— Ah sì? — disse il piccolo principe che non capiva.

— Batti le mani l'una contro l'altra — consigliò allora il vanitoso.

Il piccolo principe batté le mani l'una contro l'altra. Il vanitoso salutò con modestia sollevando il suo cappello.

"È più divertente che la visita al re", si disse fra sé il piccolo principe. E ricominciò a battere le mani l'una contro l'altra. Il vanitoso ricominciò a salutare sollevando il suo cappello.

Dopo cinque minuti di questo esercizio il piccolo principe si stancò della monotonia del gioco:

— E, perché il cappello caschi, — domandò, — che cosa bisogna fare?

Ma il vanitoso non lo udì. I vanitosi non sentono altro che le lodi.

— Mi ammiri veramente molto? — domandò al piccolo principe.

— Che cosa vuol dire ammirare?

— Ammirare vuol dire riconoscere che io sono l'uomo più bello, più elegante, più ricco e più intelli-

intelligent de la planète.

— Mais tu es seul sur ta planète !

— Fais-moi ce plaisir. Admire-moi quand-même !

— Je t'admire, dit le petit prince, en haussant un peu les épaules, mais en quoi cela peut-il bien t'intéresser ? »

Et le petit prince s'en fut.

« Les grandes personnes sont décidément bien bizarres », se dit-il simplement en lui-même durant son voyage.

gente di tutto il pianeta.

— Ma tu sei solo sul tuo pianeta!

— Fammi questo favore. Ammirami lo stesso!

— Ti ammiro, — disse il piccolo principe, — alzando un poco le spalle, — ma cosa potrebbe mai importartene?

E il piccolo principe se ne andò.

"I grandi sono decisamente molto bizzarri", si diceva semplicemente a se stesso durante il suo viaggio.

XII

La planète suivante était habitée par un buveur. Cette visite fut très courte, mais elle plongea le petit prince dans une grande mélancolie :

« Que fais-tu là ? dit-il au buveur, qu'il trouva installé en silence devant une collection de bouteilles vides et une collection de bouteilles pleines.

— Je bois, répondit le buveur, d'un air lugubre.

— Pourquoi bois-tu ? lui de-

Il pianeta successivo era abitato da un ubriacone. Questa visita fu molto breve, ma sprofondò il piccolo principe in una grande malinconia.

— Che cosa fai? — chiese all'ubriacone che stava in silenzio davanti a una collezione di bottiglie vuote e a una collezione di bottiglie piene.

— Bevo, — rispose l'ubriacone, con un tono lugubre.

— Perché bevi? — gli domandò

manda le petit prince.

— Pour oublier, répondit le buveur.

— Pour oublier quoi ? s'enquit le petit prince qui déjà le plaignait.

— Pour oublier que j'ai honte, avoua le buveur en baissant la tête.

— Honte de quoi ? s'informa le petit prince qui désirait le secourir.

— Honte de boire ! » acheva le buveur qui s'enferma définitivement dans le silence.

Et le petit prince s'en fut, perplexe.

« Les grandes personnes sont décidément très très bizarres », se disait-il en lui-même durant le voyage.

il piccolo principe.

— Per dimenticare — rispose l'ubriacone.

— Per dimenticare cosa? — chiese il piccolo principe che già lo compiangeva.

— Per dimenticare che ho vergogna — confessò l'ubriacone abbassando la testa.

— Vergogna di che? — s'informò il piccolo principe che desiderava soccorrerlo.

— Vergogna di bere! — concluse l'ubriacone che si ritirò definitivamente in silenzio.

Il piccolo principe se ne andò, perplesso.

"I grandi sono decisamente molto, molto bizzarri", si disse fra sé durante il viaggio.

XIII

La quatrième planète était celle du businessman. Cet homme était si occupé qu'il ne leva même pas la tête à l'arrivée du petit prince.

« Bonjour, lui dit celui-ci. Votre cigarette est éteinte.

— Trois et deux font cinq. Cinq et sept douze. Douze et trois quinze. Bonjour. Quinze et sept vingt-deux. Vingt-deux et six vingt-huit. Pas le temps de la rallumer. Vingt-six et cinq trente et un. Ouf ! Ça fait donc cinq cent un millions six cent vingt-deux mille sept cent trente et un.

— Cinq cents millions de quoi ?

— Hein ? Tu es toujours là ? Cinq cent un million de… je ne sais plus… J'ai tellement de travail ! Je suis sérieux, moi, je ne m'amuse pas à des balivernes ! Deux et cinq

Il quarto pianeta era quello di un uomo d'affari. Questo uomo era così occupato che non alzò neppure la testa all'arrivo del piccolo principe.

— Buon giorno — gli disse a costui. — La vostra sigaretta si sta spegnendo.

— Tre più due fa cinque. Cinque più sette dodici. Dodici più tre quindici. Buon giorno. Quindici più sette fa ventidue. Ventidue più sei ventotto. Non ho tempo per riaccenderla. Ventisei più cinque trentuno. Uhf! Dunque fa cinquecento e un milione seicento ventiduemila settecento trentuno.

— Cinquecento milioni di che?

— Hem! Sei sempre lì? Cinquecento e un milione di… non lo so più… Ho talmente da lavorare! Sono un uomo serio, io, io non mi diverto con delle frottole! Due più cin-

sept...

— Cinq cent un millions de quoi ? » répéta le petit prince qui jamais de sa vie n'avait renoncé à une question, une fois qu'il l'avait posée.

Le businessman leva la tête :

« Depuis cinquante-quatre ans que j'habite cette planète-ci, je n'ai été dérangé que trois fois. La première fois ç'a été, il y a vingt-deux ans, par un hanneton qui était tombé Dieu sait d'où. Il répandait un bruit épouvantable, et j'ai fait quatre erreurs dans une addition. La seconde fois ç'à été, il y a onze ans, par une crise de rhumatisme. Je manque d'exercice. Je n'ai pas le temps de flâner. Je suis sérieux, moi. La troisième fois... la voici ! Je disais donc cinq cent un millions...

— Millions de quoi ? »

Le businessman comprit qu'il n'était point d'espoir de paix :

« Millions de ces petites choses que l'on voit quelquefois dans le ciel.

— Des mouches ?

— Mais non, des petites choses qui brillent.

— Des abeilles ?

— Mais non. Des petites choses dorées qui font rêvasser les fainéants. Mais je suis sérieux, moi ! Je n'ai pas le temps de rêvasser.

— Ah ! des étoiles ?

— C'est bien ça. Des étoiles.

— Et que fais-tu de cinq cents millions d'étoiles ?

— Cinq cent un millions six cent vingt-deux mille sept cent trente et un. Je suis sérieux, moi, je suis précis.

que sette...

— Cinquecento e un milione di che? — ripeté il piccolo principe che mai in vita sua aveva rinunciato a una domanda, una volta che l'aveva posta.

L'uomo d'affari alzò la testa:

— In cinquantaquattro anni che abito su questo pianeta, non sono stato disturbato che tre volte. La prima volta è stato, ventidue anni fa, da un maggiolino che era caduto chissà da dove. Faceva un rumore spaventoso e ho fatto quattro errori in un'addizione. La seconda volta è stato, undici anni fa, per una crisi di reumatismi. Non faccio esercizi. Non ho il tempo di gironzolare. Sono un uomo serio, io. La terza volta... eccola qui! Dicevo dunque cinquecento e un milione...

— Milioni di che?

L'uomo d'affari capì che non c'era speranza di essere lasciato in pace:

— Milioni di quelle piccole cose che si vedono qualche volta nel cielo.

— Di mosche?

— Ma no, di piccole cose che brillano.

— Di api?

— Ma no. Di piccole cose dorate che fanno fantasticare i poltroni. Ma sono un uomo serio, io! Non ho il tempo di fantasticare.

— Ah! Di stelle?

— Proprio di quelle. Di stelle.

— E che ne fai di cinquecento milioni di stelle?

— Cinquecento e un milione seicento ventiduemila settecento trentuno. Sono un uomo serio, io, io sono preciso.

— Et que fais-tu de ces étoiles ?
— Ce que j'en fais ?
— Oui.
— Rien. Je les possède.
— Tu possèdes les étoiles ?
— Oui.
— Mais j'ai déjà vu un roi qui…
— Les rois ne possèdent pas. Ils « règnent » sur. C'est très différent.
— Et à quoi cela te sert-il de posséder les étoiles ?
— Ça me sert à être riche.
— Et à quoi cela te sert-il d'être riche ?
— À acheter d'autres étoiles, si quelqu'un en trouve. »

« Celui-là, se dit en lui-même le petit prince, il raisonne un peu comme mon ivrogne. »

Cependant il posa encore des questions :

« Comment peut-on posséder les étoiles ?
— À qui sont-elles ? riposta, grincheux, le businessman.
— Je ne sais pas. À personne.
— Alors elles sont à moi, car j'y ai pensé le premier.
— Ça suffit ?
— Bien sûr. Quand tu trouves un diamant qui n'est à personne, il est à toi. Quand tu trouves une île qui n'est à personne, elle est à toi. Quand tu as une idée le premier, tu la fais breveter : elle est à toi. Et moi je possède les étoiles, puisque jamais personne avant moi n'a songé à les posséder.
— Ça c'est vrai, dit le petit prince. Et qu'en fais-tu ?
— Je les gère. Je les compte et je

— E che te ne fai di queste stelle?
— Cosa me ne faccio?
— Sì.
— Niente. Le possiedo.
— Tu possiedi le stelle?
— Sì.
— Ma ho già visto un re che…
— I re non possiedono. Ci "regnano" sopra. È molto diverso.
— E a che ti serve possedere le stelle?
— Mi serve per essere ricco.
— E a che ti serve essere ricco?
— A comprare delle altre stelle, se qualcuno ne trova.

"Questo qui", si disse fra sé il piccolo principe, "ragiona un po' come il mio ubriacone".

Eppure fece ancora delle domande:

— Come si possono possedere le stelle?
— Di chi sono? — rispose, digrignando i denti, l'uomo d'affari.
— Non lo so. Di nessuno.
— Allora sono mie, perché ci ho pensato per il primo.
— E questo basta?
— Certo. Quando trovi un diamante che non è di nessuno, è tuo. Quando trovi un'isola che non è di nessuno, è tua. Quando tu hai un'idea per primo, la fai brevettare, ed è tua. E io possiedo le stelle, perché mai nessuno prima di me si è sognato di possederle.
— Questo è vero, disse il piccolo principe. E che te ne fai?
— Le amministro. Le conto e le

les recompte, dit le businessman. C'est difficile. Mais je suis un homme sérieux ! »

Le petit prince n'était pas satisfait encore.

« Moi, si je possède un foulard, je puis le mettre autour de mon cou et l'emporter. Moi, si je possède une fleur, je puis cueillir ma fleur et l'emporter. Mais tu ne peux pas cueillir les étoiles !

— Non, mais je puis les placer en banque.

— Qu'est-ce que ça veut dire ?

— Ça veut dire que j'écris sur un petit papier le nombre de mes étoiles. Et puis j'enferme à clef ce papier-là dans un tiroir.

— Et c'est tout ?

— Ça suffit ! »

« C'est amusant, pensa le petit prince. C'est assez poétique. Mais ce n'est pas très sérieux. »

Le petit prince avait sur les choses sérieuses des idées très différentes des idées des grandes personnes.

« Moi, dit-il encore, je possède une fleur que j'arrose tous les jours. Je possède trois volcans que je ramone toutes les semaines. Car je ramone aussi celui qui est éteint. On ne sait jamais. C'est utile à mes volcans, et c'est utile à ma fleur, que je les possède. Mais tu n'es pas utile aux étoiles... »

Le businessman ouvrit la bouche mais ne trouva rien à répondre, et le petit prince s'en fut.

« Les grandes personnes sont décidément tout à fait extraordinaires », se disait-il simplement en lui-même durant le voyage.

riconto — disse l'uomo d'affari. — È difficile. Ma io sono un uomo serio!

Il piccolo principe non era ancora soddisfatto.

— Io, se possiedo un foulard, posso mettermelo intorno al collo e portarmelo via. Io, se possiedo un fiore, posso cogliere il mio fiore e portarlo via. Ma tu non puoi cogliere le stelle!

— No, ma posso depositarle in banca.

— Che cosa vuol dire?

— Vuol dire che scrivo su un pezzetto di carta il numero delle mie stelle. E poi chiudo a chiave questo pezzetto di carta in un cassetto.

— E nient'altro?

— È sufficiente.

"È divertente" pensò il piccolo principe. "È molto poetico. Ma non è molto serio".

Sulle cose serie il piccolo principe aveva delle idee molto diverse dalle idee dei grandi.

— Io, — disse ancora, — possiedo un fiore che innaffio tutti i giorni. Possiedo tre vulcani che spazzolo tutte le settimane. Perché spazzolo anche quello che è spento. Non si sa mai. È utile ai miei vulcani, ed è utile al mio fiore, che io li possieda. Ma tu non sei utile alle stelle...

L'uomo d'affari aprì la bocca, ma non trovò niente da rispondere e il piccolo principe se ne andò.

"I grandi sono decisamente straordinari a tutti gli effetti", si disse semplicemente fra sé durante il viaggio.

XIV

La cinquième planète était très curieuse. C'était la plus petite de toutes. Il y avait là juste assez de place pour loger un réverbère et un allumeur de réverbères. Le petit prince ne parvenait pas à s'expliquer à quoi pouvaient servir, quelque part dans le ciel, sur une planète sans maison ni population, un réverbère et un allumeur de réverbères. Cependant il se dit en lui-même :

« Peut-être bien que cet homme est absurde. Cependant il est moins absurde que le roi, que le vaniteux, que le businessman et que le buveur. Au moins son travail a-t-il un sens. Quand il allume son réverbère, c'est comme s'il faisait naître une étoile de plus, ou une fleur. Quand il éteint son réverbère ça endort la fleur ou l'étoile. C'est une occupation très jolie. C'est véritablement utile puisque c'est joli. »

Lorsqu'il aborda la planète il salua respectueusement l'allumeur :

« Bonjour. Pourquoi viens-tu d'éteindre ton réverbère ?

— C'est la consigne, répondit l'allumeur. Bonjour.

— Qu'est-ce que la consigne ?

— C'est d'éteindre mon réverbère. Bonsoir. »

Et il le ralluma.

« Mais pourquoi viens-tu de le rallumer ?

— C'est la consigne, répondit

Il quinto pianeta era molto particolare. Era il più piccolo di tutti. C'era proprio solo lo spazio per sistemare un lampione e l'uomo che l'accendeva. Il piccolo principe non riusciva a spiegarsi a cosa potessero servire, da qualche parte nel cielo, su di un pianeta senza case né abitanti, un lampione e un uomo che se ne occupasse. Eppure si disse fra sé:

"Di certo può essere che quest'uomo sia assurdo. Però è meno assurdo del re, del vanitoso, dell'uomo d'affari e dell'ubriacone. Almeno il suo lavoro ha un senso. Quando accende il suo lampione, è come se facesse nascere una stella in più, o un fiore. Quando spegne il suo lampione, si addormenta il fiore o la stella. È una bellissima occupazione. Questa è veramente utile perché è bella."

Quando salì sul pianeta salutò rispettosamente l'uomo:

— Buon giorno. Perché hai appena spento il tuo lampione?

— È la consegna — rispose il lampionaio. — Buon giorno.

— Che cos'è la consegna?

— È di spegnere il mio lampione. Buona sera.

E lo riaccese.

— Ma adesso perché lo hai appena riacceso?

— È la consegna — rispose il

l'allumeur.

— Je ne comprends pas, dit le petit prince.

— Il n'y a rien à comprendre, dit l'allumeur. La consigne c'est la consigne. Bonjour. »

lampionaio.

— Non capisco — disse il piccolo principe.

— Non c'è nulla da capire, — disse il lampionaio, — la consegna è la consegna. Buon giorno.

Et il éteignit son réverbère.

Puis il s'épongea le front avec un mouchoir à carreaux rouges.

« Je fais là un métier terrible.

E spense il suo lampione.

Poi si asciugò la fronte con un fazzoletto a quadretti rossi.

— Faccio un mestiere terribile.

C'était raisonnable autrefois. J'éteignais le matin et j'allumais le soir. J'avais le reste du jour pour me reposer, et le reste de la nuit pour dormir…

— Et, depuis cette époque, la consigne à changé ?

— La consigne n'a pas changé, dit l'allumeur. C'est bien là le drame ! La planète d'année en année a tourné de plus en plus vite, et la consigne n'a pas changé !

— Alors ? dit le petit prince.

— Alors maintenant qu'elle fait un tour par minute, je n'ai plus un seconde de repos. J'allume et j'éteins une fois par minute !

— Ça c'est drôle ! les jours chez toi durent une minute !

— Ce n'est pas drôle du tout, dit l'allumeur. Ça fait déjà un mois que nous parlons ensemble.

— Un mois ?

— Oui. Trente minutes. Trente jours ! Bonsoir. »

Et il ralluma son réverbère.

Le petit prince le regarda et il aima cet allumeur qui était tellement fidèle à la consigne. Il se souvint des couchers de soleil que lui-même allait autrefois chercher, en tirant sa chaise. Il voulut aider son ami :

« Tu sais… je connais un moyen de te reposer quand tu voudras…

— Je veux toujours », dit l'allumeur.

Una volta era ragionevole. Spegnevo al mattino e accendevo alla sera. Avevo il resto del giorno per riposarmi e il resto della notte per dormire…

— E, dopo di allora, è cambiata la consegna?

— La consegna non è cambiata, — disse il lampionaio, — è proprio questo qui il dramma. Il pianeta di anno in anno ha girato sempre più in fretta e la consegna non è stata cambiata!

— Quindi? — disse il piccolo principe.

— Quindi adesso che fa un giro al minuto, non ho più un secondo di riposo. Accendo e spengo una volta al minuto!

— È divertente! I giorni da te durano un minuto!

— Non è affatto divertente, — disse l'uomo, — è passato già un mese da quando stiamo parlando.

— Un mese?

— Sì. Trenta minuti. Trenta giorni! Buona sera.

E riaccese il suo lampione.

Il piccolo principe lo guardò e si innamorò di questo lampionaio che era così fedele alla consegna. Si ricordò dei tramonti del sole che lui stesso un tempo andava a cercare, spostando la sua sedia. E volle aiutare il suo amico:

— Sai… conosco un modo che ti consente di riposarti quando vuoi…

— Vorrei sempre — disse l'uomo.

Car on peut être, à la fois, fidèle et paresseux.

Le petit prince poursuivit :

« Ta planète est tellement petite que tu en fais le tour en trois enjambées. Tu n'as qu'à marcher assez lentement pour rester toujours au soleil. Quand tu voudras te reposer tu marcheras... et le jour durera aussi longtemps que tu voudras.

— Ça ne m'avance pas à grand chose, dit l'allumeur. Ce que j'aime dans la vie, c'est dormir.

— Ce n'est pas de chance, dit le petit prince.

— Ce n'est pas de chance, dit l'allumeur. Bonjour. »

Et il éteignit son réverbère.

« Celui-là, se dit le petit prince, tandis qu'il poursuivait plus loin son voyage, celui-là serait méprisé par tous les autres, par le roi, par le vaniteux, par le buveur, par le businessman. Cependant c'est le seul qui ne me paraisse pas ridicule. C'est, peut-être, parce qu'il s'occupe d'autre chose que de soi-même. »

Il eut un soupir de regret et se dit encore :

« Celui-là est le seul dont j'eusse pu faire mon ami. Mais sa planète est vraiment trop petite. Il n'y a pas de place pour deux... »

Ce que le petit prince n'osait pas s'avouer, c'est qu'il regrettait cette planète bénie à cause, surtout, des mille quatre cent quarante couchers de soleil par vingt-quatre heures !

Perché si può essere, nel contempo, fedeli e pigri.

E il piccolo principe proseguì:

— Il tuo pianeta è così piccolo che ne puoi fare il giro in tre passi. Non hai che da camminare abbastanza lentamente per rimanere sempre al sole. Quando vorrai riposarti camminerai... e il giorno durerà tanto quanto tu vorrai.

— Non mi serve un granché, — disse il lampionaio, — ciò che desidero nella vita, è dormire.

— Non hai fortuna — disse il piccolo principe.

— Non ho fortuna — disse il lampionaio. — Buon giorno.

E spense il suo lampione.

"Questo qui", si disse il piccolo principe, mentre proseguiva oltre il suo viaggio, "questo qui sarebbe disprezzato da tutti gli altri, dal re, dal vanitoso, dall'ubriacone, dall'uomo d'affari. Eppure è il solo che non mi sembri ridicolo. Forse perché si occupa di altro che non di se stesso".

Ebbe un sospiro di rammarico e si disse ancora:

"Questo qui è il solo che avrei potuto farmi amico. Ma il suo pianeta è davvero troppo piccolo, non c'è spazio per due..."

Quello che il piccolo principe non osava confessare, era che di questo pianeta benedetto rimpiangeva, soprattutto, i suoi millequattrocentoquaranta tramonti del sole ogni ventiquattro ore!

XV

La sixième planète était une planète dix fois plus vaste. Elle était habitée par un vieux Monsieur qui écrivait d'énormes livres.

« Tiens ! voilà un explorateur ! » s'écria-t-il, quand il aperçut le petit prince.

Le petit prince s'assit sur la table et souffla un peu. Il avait déjà tant voyagé !

« D'où viens-tu ? lui dit le vieux Monsieur.

— Quel est ce gros livre ? dit le

Il sesto pianeta era un pianeta dieci volte più grande. Era abitato da un vecchio signore che scriveva degli enormi libri.

— Toh! Ecco un esploratore! — esclamò, quando scorse il piccolo principe.

Il piccolo principe si sedette sul tavolo ansimando un poco. Aveva già viaggiato tanto!

— Da dove vieni? — gli domandò il vecchio signore.

— Cos'è questo grande libro?

petit prince. Que faites-vous ici ?

— Je suis géographe, dit le vieux Monsieur.

— Qu'est-ce qu'un géographe ?

— C'est un savant qui connaît où se trouvent les mers, les fleuves, les villes, les montagnes et les déserts.

— Ça c'est bien intéressant, dit le petit prince. Ça c'est enfin un véritable métier ! » Et il jeta un coup d'œil autour de lui sur la planète du géographe. Il n'avait jamais vu encore une planète aussi majestueuse.

« Elle est bien belle, votre planète. Est-ce qu'il y a des océans ?

— Je ne puis pas le savoir, dit le géographe.

— Ah ! (Le petit prince était déçu.) Et des montagnes ?

— Je ne puis pas le savoir, dit le géographe.

— Et des villes et des fleuves et des déserts ?

— Je ne puis pas le savoir non plus, dit le géographe.

— Mais vous êtes géographe !

— C'est exact, dit le géographe, mais je ne suis pas explorateur. Je manque absolument d'explorateurs. Ce n'est pas le géographe qui va faire le compte des villes, des fleuves, des montagnes, des mers, des océans et des déserts. Le géographe est trop important pour flâner. Il ne quitte pas son bureau. Mais il y reçoit les explorateurs. Il les interroge, et il prend en note leurs souvenirs. Et si les souve-

— disse il piccolo principe. — Che fate qui?

— Sono un geografo — disse il vecchio signore.

— Che cos'è un geografo?

— È uno studioso che sa dove si trovano i mari, i fiumi, le città, le montagne e i deserti.

— È molto interessante — disse il piccolo principe. — Questo finalmente è un vero mestiere! — E diede un'occhiata intorno a lui sul pianeta del geografo. Non aveva mai visto fino a ora un pianeta così maestoso.

— È davvero bello, il vostro pianeta. Ci sono degli oceani?

— Non lo posso sapere — disse il geografo.

— Ah! (il piccolo principe rimase deluso). E delle montagne?

— Non lo posso sapere — disse il geografo.

— E delle città e dei fiumi e dei deserti?

— Neppure questo lo posso sapere, disse il geografo.

— Ma siete un geografo!

— È esatto, — disse il geografo, — ma non sono un esploratore. Mi mancano completamente esploratori. Non è il geografo che va a fare il conteggio delle città, dei fiumi, delle montagne, dei mari, degli oceani e dei deserti. Il geografo è troppo importante per andare in giro. Non lascia mai il suo ufficio. Ma riceve gli esploratori. Li interroga e prende nota dei loro

nirs de l'un d'entre eux lui paraissent intéressants, le géographe fait faire une enquête sur la moralité de l'explorateur.

— Pourquoi ça ?

— Parce qu'un explorateur qui mentirait entraînerait des catastrophes dans les livres de géographie. Et aussi un explorateur qui boirait trop.

— Pourquoi ça ? fit le petit prince.

— Parce que les ivrognes voient double. Alors le géographe noterait deux montagnes, là où il n'y en a qu'une seule.

— Je connais quelqu'un, dit le petit prince, qui serait mauvais explorateur.

— C'est possible. Donc, quand la moralité de l'explorateur paraît bonne, on fait une enquête sur sa découverte.

— On va voir ?

— Non. C'est trop compliqué. Mais on exige de l'explorateur qu'il fournisse des preuves. S'il s'agit par exemple de la découverte d'une grosse montagne, on exige qu'il en rapporte de grosses pierres. »

Le géographe soudain s'émut.

« Mais toi, tu viens de loin ! Tu es explorateur ! Tu vas me décrire ta planète ! »

Et le géographe, ayant ouvert son registre, tailla son crayon. On note d'abord au crayon les récits des explorateurs. On attend, pour noter à l'encre, que l'explorateur ait

ricordi. E se i ricordi di uno di loro gli sembrano interessanti, il geografo fa fare un'inchiesta sulla moralità dell'esploratore.

— Perché questo?

— Perché se un esploratore mentisse porterebbe una catastrofe nei libri di geografia. E anche un esploratore che bevesse troppo.

— Perché? — domandò il principe.

— Perché gli ubriachi vedono doppio. Allora il geografo annoterebbe due montagne, là dove non ce n'è che una sola.

— Io conosco qualcuno, — disse il piccolo principe, — che sarebbe un cattivo esploratore.

— È possibile. Quindi, quando la moralità dell'esploratore sembra buona, si fa un'inchiesta sulla sua scoperta.

— Si va a vedere?

— No. È troppo complicato. Ma si esige che l'esploratore fornisca delle prove. Se si tratta per esempio della scoperta di una grande montagna, si esige che riporti delle grosse pietre.

All'improvviso il geografo si animò.

— Ma tu, tu vieni da lontano! Tu sei un esploratore! Mi devi descrivere il tuo pianeta!

E il geografo, avendo aperto il suo registro, temperò la sua matita. I resoconti degli esploratori si annotano dapprima a matita. Si aspetta, per annotarli a penna, che l'esploratore

fourni des preuves.

« Alors ? interrogea le géographe.

— Oh ! chez moi, dit le petit prince, ce n'est pas très intéressant, c'est tout petit. J'ai trois volcans. Deux volcans en activité, et un volcan éteint. Mais on ne sait jamais.

— On ne sait jamais, dit le géographe.

— J'ai aussi une fleur.

— Nous ne notons pas les fleurs, dit le géographe.

— Pourquoi ça ! c'est le plus joli !

— Parce que les fleurs sont éphémères.

— Qu'est ce que signifie : « éphémère » ?

— Les géographies, dit le géographe, sont les livres les plus sérieux de tous les livres. Elles ne se démodent jamais. Il est très rare qu'une montagne change de place. Il est très rare qu'un océan se vide de son eau. Nous écrivons des choses éternelles.

— Mais les volcans éteints peuvent se réveiller, interrompit le petit prince. Qu'est-ce que signifie « éphémère » ?

— Que les volcans soient éteints ou soient éveillés, ça revient au même pour nous autres, dit le géographe. Ce qui compte pour nous, c'est la montagne. Elle ne change pas.

— Mais qu'est-ce que signifie « éphémère » ? répéta le petit prince qui, de sa vie, n'avait renoncé à une question, une fois qu'il l'avait

abbia fornito delle prove.

— Allora? — domandò il geografo.

— Oh! Da me, — disse il piccolo principe, — non è molto interessante, è tutto piccolo. Ho tre vulcani. Due vulcani in attività e un vulcano spento. Ma non si sa mai.

— Non si sa mai — disse il geografo.

— Ho anche un fiore.

— Noi non annotiamo i fiori, disse il geografo.

— Perché questo? Sono la cosa più bella!

— Perché i fiori sono effimeri.

— Che cosa significa "effimero"?

— Quelli di geografia, — disse il geografo, — sono i libri più seri di tutti i libri. Non passano mai di moda. È molto raro che una montagna cambi di posto. È molto raro che un oceano si prosciughi. Noi descriviamo delle cose eterne.

— Ma i vulcani spenti si possono risvegliare — interruppe il piccolo principe. — Che cosa significa "effimero"?

— Che i vulcani siano spenti o attivi, è la stessa cosa per noi altri, — disse il geografo — quello che conta per noi è la montagna. Essa non cambia.

— Ma che cosa significa "effimero"? — ripeté il piccolo principe che, in vita sua, non aveva mai rinunciato a una domanda, una volta

posée.

— Ça signifie « qui est menacé de disparition prochaine ».

— Ma fleur est menacée de disparition prochaine ?

— Bien sûr. »

« Ma fleur est éphémère, se dit le petit prince, et elle n'a que quatre épines pour se défendre contre le monde ! Et je l'ai laissée toute seule chez moi ! »

Ce fut là son premier mouvement de regret. Mais il reprit courage :

« Que me conseillez-vous d'aller visiter ? demanda-t-il.

— La planète Terre, lui répondit le géographe. Elle a une bonne réputation… »

Et le petit prince s'en fut, songeant à sa fleur.

che l'aveva posta.

— Significa "che è destinato a scomparire a breve".

— Il mio fiore è destinato a scomparire a breve?

— Certamente.

"Il mio fiore è effimero," si disse il piccolo principe, "e non ha che quattro spine per difendersi dal mondo! E io l'ho lasciato a casa tutto solo!"

Questo fu il suo primo momento di rammarico. Ma si fece coraggio:

— Che cosa mi consigliate di andare a visitare? — domandò.

— Il pianeta Terra, — gli rispose il geografo, — ha una buona reputazione…

E il piccolo principe se ne andò, pensando al suo fiore.

XVI

La septième planète fut donc la Terre.

La Terre n'est pas une planète quelconque ! On y compte cent onze rois (en n'oubliant pas, bien sûr, les rois nègres), sept mille géographes, neuf cent mille businessmen, sept millions et demi d'ivrognes, trois cent onze millions de vaniteux, c'est-à-dire environ deux milliards de grandes personnes.

Pour vous donner une idée des dimensions de la Terre je vous dirai qu'avant l'invention de l'électricité on y devait entretenir, sur l'ensemble des six continents, une véritable armée de quatre cent soixante-deux mille cinq cent onze allumeurs de réverbères.

Vu d'un peu loin ça faisait un effet splendide. Les mouvements de cette armée étaient réglés comme ceux d'un ballet d'opéra. D'abord venait le tour des allumeurs de réverbères de Nouvelle-Zélande et d'Australie. Puis ceux-ci, ayant allumé leurs lampions, s'en allaient dormir. Alors entraient à leur tour dans la danse les allumeurs de réverbères de Chine et de Sibérie. Puis eux aussi s'escamotaient dans les coulisses. Alors venait le tour des allumeurs de réverbères de Russie et des Indes. Puis de ceux d'Afrique et d'Europe. Puis de ceux d'Amérique du Sud. Puis de ceux d'Amérique du Nord. Et jamais ils ne se trompaient dans leur ordre

Il settimo pianeta fu quindi la Terra.

La Terra non è un pianeta qualsiasi! Si contano centoeundici re (senza dimenticare, ovviamente, i re africani), settemila geografi, novecentomila uomini d'affari, sette milioni e mezzo di ubriaconi, trecento e undici milioni di vanitosi, vale a dire circa due miliardi di adulti.

Per darvi un'idea delle dimensioni della Terra vi dirò che prima dell'invenzione dell'elettricità bisognava mantenere, sull'insieme dei sei continenti, una vera armata di quattrocento sessantaduemila cinquecento undici addetti ai lampioni.

Visto un po' da lontano faceva uno splendido effetto. I movimenti di questa armata erano regolati come quelli di un balletto d'opera. Prima veniva il turno degli addetti ai lampioni della Nuova Zelanda e dell'Australia. Poi questi qui, dopo aver acceso i loro lampioni, se ne andavano a dormire. Allora entravano a loro volta in scena i lampionai della Cina e della Siberia. Poi anche loro sgattaiolavano dietro le quinte. Allora veniva il turno dei lampionai della Russia e delle Indie. Poi di quelli dell'Africa e dell'Europa. Poi di quelli dell'America del Sud. Poi di quelli dell'America del Nord. E non si sbagliavano mai nell'ordine

d'entrée en scène. C'était grandiose.

Seuls, l'allumeur de l'unique réverbère du pôle Nord, et son confrère de l'unique réverbère du pôle Sud, menaient des vies d'oisiveté et de nonchalance : ils travaillaient deux fois par an.

dell'entrata in scena. Era grandioso.

Soltanto il lampionaio dell'unico lampione del Polo Nord e il confratello dell'unico lampione del Polo Sud, conducevano vite oziose e indolenti: lavoravano due volte all'anno.

XVII

Quand on veut faire de l'esprit, il arrive que l'on mente un peu. Je n'ai pas été très honnête en vous parlant des allumeurs de réverbères. Je risque de donner une fausse idée de notre planète à ceux qui ne la connaissent pas. Les hommes occupent très peu de place sur la terre. Si les deux milliards d'habitants qui peuplent la terre se tenaient debout et un peu serrés, comme pour un meeting, ils logeraient aisément sur une place publique de vingt milles de long sur vingt milles de large. On pourrait entasser l'humanité sur le moindre petit îlot du Pacifique.

Les grandes personnes, bien sûr, ne vous croiront pas. Elles s'imaginent tenir beaucoup de place. Elles se voient importantes comme des baobabs. Vous leur conseillerez donc de faire le calcul. Elles adorent les chiffres : ça leur plaira. Mais ne perdez pas votre temps à ce pensum. C'est inutile. Vous avez confiance en moi.

Le petit prince, une fois sur terre, fut donc bien surpris de ne voir personne. Il avait déjà peur de s'être trompé de planète, quand un anneau couleur de lune remua dans le sable.

Quando si vuol fare dello spirito, si può giungere a mentire un po'. Non sono stato molto onesto parlandovi degli addetti ai lampioni. Rischio di dare una falsa idea del nostro pianeta a quelli che non lo conoscono. Gli uomini occupano molto poco posto sulla Terra. Se i due miliardi di abitanti che popolano la Terra stessero in piedi e un po' stretti, come per un comizio, troverebbero facilmente posto in una piazza pubblica di ventimila metri di lunghezza per ventimila metri di larghezza. Si potrebbe ammucchiare l'umanità su un qualsiasi isolotto del Pacifico.

I grandi, ovviamente, non ci crederebbero. Loro si immaginano di occupare molto spazio. Si vedono importanti come dei baobab. Consigliategli allora di fare dei calcoli. Loro adorano le cifre: gli piacerà questo. Ma non perdete il vostro tempo con questo pensiero. È inutile. Visto che avete fiducia in me.

Il piccolo principe, una volta sulla Terra, fu quindi molto sorpreso di non vedere nessuno. Temeva già di essersi sbagliato di pianeta, quando un anello del colore della luna si mosse nella sabbia.

« Bonne nuit, fit le petit prince à tout hasard.

— Bonne nuit, fit le serpent.

— Sur quelle planète suis-je tombé ? demanda le petit prince.

— Sur la Terre, en Afrique, répondit le serpent.

— Ah ! ... Il n'y a donc personne sur la Terre ?

— Ici c'est le désert. Il n'y a personne dans les déserts. La Terre est grande », dit le serpent.

Le petit prince s'assit sur une

— Buona notte — disse il piccolo principe in ogni caso.

— Buona notte — disse il serpente.

— Su quale pianeta sono sceso? — domandò il piccolo principe.

— Sulla Terra, in Africa — rispose il serpente.

— Ah!... Non c'è quindi nessuno sulla Terra?

— Qui c'è il deserto. Non c'è nessuno nei deserti. La Terra è grande — disse il serpente.

Il piccolo principe sedette su una

pierre et leva les yeux vers le ciel :

« Je me demande, dit-il, si les étoiles sont éclairées afin que chacun puisse un jour retrouver la sienne. Regarde ma planète. Elle est juste au-dessus de nous... Mais comme elle est loin !

— Elle est belle, dit le serpent. Que viens-tu faire ici ?

— J'ai des difficultés avec une fleur, dit le petit prince.

— Ah ! » fit le serpent.

Et ils se turent.

pietra e alzò gli occhi verso il cielo:

— Mi domando, — disse, — se le stelle sono illuminate affinché ognuno possa un giorno trovare la sua. Guarda il mio pianeta. È proprio sopra di noi... Ma come è lontano!

— È bello, — disse il serpente, — cosa sei venuto a fare qui?

— Ho avuto delle difficoltà con un fiore — disse il piccolo principe.

— Ah! — fece il serpente.

E rimasero in silenzio.

« Où sont les hommes ? reprit enfin le petit prince. On est un peu

— Dove sono gli uomini? — riprese alla fine il piccolo principe. —

seul dans le désert...

— On est seul aussi chez les hommes », dit le serpent.

Le petit prince le regarda longtemps :

« Tu es une drôle de bête, lui dit-il enfin, mince comme un doigt...

— Mais je suis plus puissant que le doigt d'un roi », dit le serpent.

Le petit prince eut un sourire :

« Tu n'es pas bien puissant... tu n'as même pas de pattes... tu ne peux même pas voyager...

— Je puis t'emporter plus loin qu'un navire », dit le serpent.

Il s'enroula autour de la cheville du petit prince, comme un bracelet d'or :

« Celui que je touche, je le rends à la terre dont il est sorti, dit-il encore. Mais tu es pur et tu viens d'une étoile... »

Le petit prince ne répondit rien.

« Tu me fais pitié, toi si faible, sur cette Terre de granit. Je puis t'aider un jour si tu regrettes trop ta planète. Je puis...

— Oh ! J'ai très bien compris, fit le petit prince, mais pourquoi parles-tu toujours par énigmes ?

— Je les résous toutes », dit le serpent.

Et ils se turent.

Si è un po' soli nel deserto…

— Si è soli anche presso gli uomini — disse il serpente.

Il piccolo principe lo guardò a lungo:

— Sei uno strano animale, — gli disse alla fine — sottile come un dito…

— Ma sono più potente del dito di un re — disse il serpente.

Il piccolo principe sorrise:

— Non sei molto potente… non hai neanche le zampe… non puoi neppure viaggiare…

— Posso portarti più lontano di una nave — disse il serpente.

Si arrotolò attorno alla caviglia del piccolo principe, come un braccialetto d'oro:

— Colui che tocco, lo restituisco alla terra da dove è venuto, — disse ancora — ma tu sei puro e vieni da una stella…

Il piccolo principe non disse nulla.

— Mi fai pena, tu così debole, su questa Terra di granito. Potrò aiutarti un giorno se rimpiangerai troppo il tuo pianeta. Io posso…

— Oh! Ho capito benissimo, — disse il piccolo principe, — ma perché parli sempre per enigmi?

— Li risolvo tutti — disse il serpente.

E rimasero in silenzio.

XVIII

Le petit prince traversa le désert et ne rencontra qu'une fleur. Une fleur à trois pétales, une fleur de rien du tout...

« Bonjour, dit le petit prince.

— Bonjour, dit la fleur.

— Où sont les hommes ? » demanda poliment le petit prince.

La fleur, un jour, avait vu passer une caravane :

« Les hommes ? Il en existe, je crois, six ou sept. Je les ai aperçus il y a des années. Mais on ne sait jamais où les trouver. Le vent les promène. Ils manquent de racines, ça les gêne beaucoup.

— Adieu, fit le petit prince.

— Adieu », dit la fleur.

Il piccolo principe attraversò il deserto e non incontrò che un fiore. Un fiore a tre petali, un fiore davvero da niente…

— Buon giorno — disse il piccolo principe.

— Buon giorno — disse il fiore.

— Dove sono gli uomini? — domandò gentilmente il piccolo principe.

Il fiore, un giorno, aveva visto passare una carovana:

— Gli uomini? Ne esistono, credo, sei o sette. Li ho intravisti parecchi anni fa. Ma non si sa mai dove trovarli. Il vento li conduce qua e là. Non hanno radici, e questo li imbarazza molto.

— Addio — disse il piccolo principe.

— Addio — disse il fiore.

XIX

Le petit prince fit l'ascension d'une haute montagne. Les seules montagnes qu'il eût jamais connues étaient les trois volcans qui lui arrivaient au genou. Et il se servait du volcan éteint comme d'un tabouret. « D'une montagne haute comme celle-ci, se dit-il donc, j'apercevrai d'un coup toute la planète et tous les hommes… » Mais il n'aperçut rien que des aiguilles de roc bien aiguisées.

Il piccolo principe scalò un'alta montagna. Le uniche montagne che avesse mai conosciuto, erano i tre vulcani che gli arrivavano alle ginocchia. E si serviva del vulcano spento come di uno sgabello. "Da una montagna alta come questa qui", si disse allora, "vedrò in un colpo tutto il pianeta e tutti gli uomini…" ma non vide altro che guglie di roccia ben affilate.

« Bonjour, dit-il à tout hasard.

— Bonjour... Bonjour... Bonjour... répondit l'écho.

— Qui êtes-vous ? dit le petit prince.

— Qui êtes-vous... qui êtes-vous... qui êtes-vous... répondit l'écho.

— Soyez mes amis, je suis seul, dit-il.

— Je suis seul... je suis seul... je suis seul... » répondit l'écho.

« Quelle drôle de planète ! pensa-t-il alors. Elle est toute sèche, et toute pointue et toute salée. Et les hommes manquent d'imagination. Ils répètent ce qu'on leur dit... Chez moi j'avais une fleur : elle parlait toujours la première... »

— Buon giorno — disse in ogni caso.

— Buon giorno... — buon giorno... — buon giorno... — rispose l'eco.

— Chi siete? — disse il piccolo principe.

— Chi siete... chi siete... chi siete... — rispose l'eco.

— Siate miei amici, io sono solo — disse.

— Io sono solo... io sono solo... io sono solo...— rispose l'eco.

"Che strano pianeta," pensò allora, "è tutto secco e pieno di punte e tutto salato. E gli uomini mancano di immaginazione. Ripetono ciò che si dice loro... Da me avevo un fiore: e parlava sempre per primo..."

XX

Mais il arriva que le petit prince, ayant longtemps marché à travers les sables, les rocs et les neiges, découvrit enfin une route. Et les routes vont toutes chez les hommes.

« Bonjour », dit-il.

C'était un jardin fleuri de roses.

« Bonjour », dirent les roses.

Le petit prince les regarda. Elles ressemblaient toutes à sa fleur.

Ma capitò che il piccolo principe, dopo aver camminato a lungo attraverso le sabbie, le rocce e le nevi, scoprì alla fine una strada. E le strade portano tutte presso gli uomini.

— Buon giorno — disse.

Era un giardino fiorito di rose.

— Buon giorno — dissero le rose.

Il piccolo principe le guardò. Assomigliavano tutte al suo fiore.

« Qui êtes-vous ? leur demanda-t-il, stupéfait.

— Nous sommes des roses, dirent les roses.

— Ah ! » fit le petit prince...

Et il se sentit très malheureux. Sa fleur lui avait raconté qu'elle était

— Voi chi siete? — domandò loro, stupefatto.

— Noi siamo delle rose — dissero le rose.

— Ah! — fece il piccolo principe...

E si sentì molto infelice. Il suo fiore gli aveva raccontato che era il

seule de son espèce dans l'univers. Et voici qu'il en était cinq mille, toutes semblables, dans un seul jardin !

« Elle serait bien vexée, se dit-il, si elle voyait ça... elle tousserait énormément et ferait semblant de mourir pour échapper au ridicule. Et je serais bien obligé de faire semblant de la soigner, car, sinon, pour m'humilier moi aussi, elle se laisserait vraiment mourir... »

Puis il se dit encore : « Je me croyais riche d'une fleur unique, et je ne possède qu'une rose ordinaire. Ça et mes trois volcans qui m'arrivent au genou, et dont l'un, peut-être, est éteint pour toujours, ça ne fait pas de moi un bien grand prince... » Et, couché dans l'herbe, il pleura.

solo della sua specie in tutto l'universo. Ed ecco che ce n'erano cinquemila, tutti uguali, in un solo giardino!

"Sarebbe molto irritato", si disse, "se vedesse questo... tossirebbe tantissimo e fingerebbe di morire per sfuggire al ridicolo. E io sarei davvero obbligato a far mostra di curarlo, perché, se no, per umiliare anche me, si lascerebbe veramente morire..."

Poi si disse anche: "Mi credevo ricco di un fiore unico, e non possiedo che una comune rosa. Lei e i miei tre vulcani che mi arrivavano alle ginocchia, e di cui uno, forse, spento per sempre, non fanno di me un principe molto importante..." E, sdraiato nell'erba, pianse.

XXI

C'est alors qu'apparut le renard :

« Bonjour, dit le renard.

— Bonjour, répondit poliment le petit prince, qui se tourna mais ne vit rien.

— Je suis là, dit la voix, sous le pommier…

— Qui es-tu ? dit le petit prince. Tu es bien joli…

— Je suis un renard, dit le renard.

— Viens jouer avec moi, lui proposa le petit prince. Je suis tellement triste…

— Je ne puis pas jouer avec toi, dit le renard. Je ne suis pas apprivoisé.

— Ah ! pardon », fit le petit prince.

Mais après réflexion, il ajouta :

Fu allora che apparve la volpe:

— Buon giorno — disse la volpe.

— Buon giorno — rispose cortesemente il piccolo principe, che si voltò, ma non vide nessuno.

— Sono qui, — disse la voce, — sotto al melo…

— Chi sei? — disse il piccolo principe, — sei molto carina…

— Sono una volpe — disse la volpe.

— Vieni a giocare con me, — le propose il piccolo principe, — sono talmente triste…

— Non posso giocare con te, — disse la volpe, — non sono addomesticata.

— Ah! scusa — disse il piccolo principe.

Ma dopo aver riflettuto, aggiunse:

« Qu'est-ce que signifie « apprivoiser » ?

— Tu n'es pas d'ici, dit le renard, que cherches-tu ?

— Je cherche les hommes, dit le petit prince. Qu'est-ce que signifie « apprivoiser » ?

— Les hommes, dit le renard, ils ont des fusils et ils chassent. C'est bien gênant ! Ils élèvent aussi des poules. C'est leur seul intérêt. Tu cherches des poules ?

— Non, dit le petit prince. Je cherche des amis. Qu'est-ce que signifie « apprivoiser » ?

— C'est une chose trop oubliée, dit le renard. Ça signifie « Créer des liens... »

— Créer des liens ?

— Bien sûr, dit le renard. Tu n'es encore pour moi qu'un petit garçon tout semblable à cent mille petits garçons. Et je n'ai pas besoin de toi. Et tu n'a pas besoin de moi non plus. Je ne suis pour toi qu'un renard semblable à cent mille renards. Mais, si tu m'apprivoises, nous aurons besoin l'un de l'autre. Tu seras pour moi unique au monde. Je serai pour toi unique au monde...

— Je commence à comprendre, dit le petit prince. Il y a une fleur... je crois qu'elle m'a apprivoisé...

— C'est possible, dit le renard. On voit sur la Terre toutes sortes de choses...

— Oh ! ce n'est pas sur la Terre », dit le petit prince.

— Che cosa significa "addomesticare"?

— Tu non sei di qui, — disse la volpe, — che cosa cerchi?

— Cerco gli uomini, — disse il piccolo principe, — che cosa significa "addomesticare"?

— Gli uomini, — disse la volpe, — hanno i fucili e cacciano. È molto fastidioso! Allevano anche delle galline. È il loro unico interesse. Tu cerchi delle galline?

— No — disse il piccolo principe. — Io cerco degli amici. Che cosa significa "addomesticare"?

— È una cosa troppo spesso dimenticata — disse la volpe. — Vuol dire "creare dei legami"...

— Creare dei legami?

— Proprio così — disse la volpe. — Tu per me non sei ancora nient'altro che un ragazzino del tutto simile a centomila ragazzini. E non ho bisogno di te. E neppure tu hai bisogno di me. Io non sono per te che una volpe uguale a centomila volpi. Ma, se tu mi addomestichi, noi avremo bisogno l'uno dell'altra. Tu sarai per me unico al mondo. Io sarò per te unica al mondo...

— Comincio a comprendere, — disse il piccolo principe. — C'è un fiore... credo che mi abbia addomesticato...

— È possibile — disse la volpe. — Sulla Terra capitano ogni sorta di cose...

— Oh! Non è sulla Terra — disse il piccolo principe.

Le renard parut très intrigué :

La volpe sembrò molto incuriosita:

« Sur une autre planète ?

— Oui.

— Il y a des chasseurs sur cette planète-là ?

— Non.

— Ça, c'est intéressant ! Et des poules ?

— Non.

— Rien n'est parfait », soupira le renard.

Mais le renard revint à son idée :

« Ma vie est monotone. Je chasse les poules, les hommes me chassent. Toutes les poules se ressemblent, et tous les hommes se ressemblent. Je m'ennuie donc un peu. Mais si tu m'apprivoises, ma vie sera comme ensoleillée. Je con-

— Su un altro pianeta?

— Sì.

— Ci sono dei cacciatori su questo pianeta?

— No.

— Questo è interessante! E delle galline?

— No.

— Niente è perfetto — sospirò la volpe.

Ma la volpe ritornò alla sua idea:

— La mia vita è monotona. Io caccio le galline, gli uomini cacciano me. Tutte le galline si assomigliano e tutti gli uomini si assomigliano. Io quindi mi annoio un po'. Ma se tu mi addomestichi, la mia vita sarà come illuminata. Riconoscerò un

naîtrai un bruit de pas qui sera différent de tous les autres. Les autres pas me font rentrer sous terre. Le tien m'appellera hors du terrier, comme une musique. Et puis regarde ! Tu vois, là-bas, les champs de blé ? Je ne mange pas de pain. Le blé pour moi est inutile. Les champs de blé ne me rappellent rien. Et ça, c'est triste ! Mais tu a des cheveux couleur d'or. Alors ce sera merveilleux quand tu m'auras apprivoisé ! Le blé, qui est doré, me fera souvenir de toi. Et j'aimerai le bruit du vent dans le blé… »

Le renard se tut et regarda longtemps le petit prince :

« S'il te plaît… apprivoise-moi ! dit-il.

— Je veux bien, répondit le petit prince, mais je n'ai pas beaucoup de temps. J'ai des amis à découvrir et beaucoup de choses à connaître.

— On ne connaît que les choses que l'on apprivoise, dit le renard. Les hommes n'ont plus le temps de rien connaître. Il achètent des choses toutes faites chez les marchands. Mais comme il n'existe point de marchands d'amis, les hommes n'ont plus d'amis. Si tu veux un ami, apprivoise-moi !

— Que faut-il faire ? dit le petit prince.

— Il faut être très patient, répondit le renard. Tu t'assoiras d'abord un peu loin de moi, comme ça, dans l'herbe. Je te regarderai du coin de l'œil et tu ne diras rien. Le langage est source de malentendus. Mais, chaque jour, tu pourras t'asseoir un peu plus près… »

rumore di passi che sarà diverso da tutti gli altri. Gli altri passi mi fanno rintanare sotto terra. Il tuo mi farà uscire dalla tana, come una musica. E poi, guarda! Vedi, laggiù, i campi di grano? Io non mangio il pane. Il grano per me è inutile. I campi di grano non mi ricordano nulla. E ciò, è triste! Ma tu hai i capelli color dell'oro. Allora sarà meraviglioso quando tu mi avrai addomesticata. Il grano, che è dorato, mi farà ricordare di te. E amerò il rumore del vento nel grano…

La volpe tacque e guardò a lungo il piccolo principe:

— Per favore… addomesticami! — gli disse.

— Volentieri, — rispose il piccolo principe, — ma non ho molto tempo. Devo trovare degli amici e ho molte cose da conoscere.

— Non si conoscono che le cose che si addomesticano — disse la volpe. — Gli uomini non hanno più tempo per conoscere nulla. Comprano le cose già fatte dai commercianti. Ma siccome non esistono affatto commercianti di amici, gli uomini non hanno più amici. Se tu vuoi un amico, addomesticami!

— Cosa bisogna fare? — disse il piccolo principe.

— Bisogna essere molto pazienti — rispose la volpe. — In principio tu ti siederai un po' lontano da me, così, nell'erba. Io ti guarderò con la coda dell'occhio e tu non dirai nulla. Le parole sono fonte di malintesi. Ma, ogni giorno, tu potrai sederti un po' più vicino…

Le lendemain revint le petit prince.

L'indomani il piccolo principe ritornò.

« Il eût mieux valu revenir à la même heure, dit le renard. Si tu viens, par exemple, à quatre heures de l'après-midi, dès trois heures je commencerai d'être heureux. Plus l'heure avancera, plus je me sentirai heureux. À quatre heures, déjà, je m'agiterai et m'inquiéterai ; je découvrira le prix du bonheur ! Mais si tu viens n'importe quand, je ne saurai jamais à quelle heure m'habiller le cœur... il faut des rites.

— Qu'est-ce qu'un rite ? dit le petit prince.

— C'est aussi quelque chose de trop oublié, dit le renard. C'est ce qui fait qu'un jour est différent des autres jours, une heure, des autres heures. Il y a un rite, par exemple, chez mes chasseurs. Ils dansent le

— Sarebbe stato meglio ritornare alla stessa ora, — disse la volpe. — Se tu vieni, per esempio, alle quattro del pomeriggio, dalle tre io comincerò a essere felice. Più si avvicinerà l'ora, più aumenterà la mia felicità. Alle quattro, in punto, io mi agiterò e mi inquieterò; scoprirò il prezzo della felicità! Ma se tu vieni non si sa quando, io non saprò mai a che ora prepararmi il cuore... Ci vogliono dei riti.

— Che cos'è un rito? — disse il piccolo principe .

— Anche questa è una cosa troppo spesso dimenticata — disse la volpe. — È ciò che rende un giorno diverso dagli altri giorni, un'ora, dalle altre ore. C'è un rito, per esempio, presso i miei cacciato-

jeudi avec les filles du village. Alors le jeudi est jour merveilleux ! Je vais me promener jusqu'à la vigne. Si les chasseurs dansaient n'importe quand, les jours se ressembleraient tous, et je n'aurais point de vacances. »

Ainsi le petit prince apprivoisa le renard. Et quand l'heure du départ fut proche :

« Ah ! dit le renard... je pleurerai.

— C'est ta faute, dit le petit prince, je ne te souhaitais point de mal, mais tu as voulu que je t'apprivoise...

— Bien sûr, dit le renard.

— Mais tu vas pleurer ! dit le petit prince.

— Bien sûr, dit le renard.

— Alors tu n'y gagnes rien !

— J'y gagne, dit le renard, à cause de la couleur du blé. »

Puis il ajouta :

« Va revoir les roses. Tu comprendras que la tienne est unique au monde. Tu reviendras me dire adieu, et je te ferai cadeau d'un secret. »

Le petit prince s'en fut revoir les roses.

« Vous n'êtes pas du tout semblables à ma rose, vous n'êtes rien encore, leur dit-il. Personne ne vous a apprivoisées et vous n'avez apprivoisé personne. Vous êtes comme était mon renard. Ce n'était qu'un renard semblable à cent mille autres. Mais j'en ai fait mon ami, et il est maintenant unique au monde. »

ri. Il giovedì ballano con le ragazze del villaggio. Allora il giovedì è un giorno meraviglioso! Io posso spingermi fino alla vigna. Se i cacciatori ballassero non si sa quando, i giorni si assomiglierebbero tutti, e non avrei mai vacanza.

Così il piccolo principe addomesticò la volpe. E quando l'ora della partenza fu vicina:

— Ah! — disse la volpe... — piangerò.

— È colpa tua, — disse il piccolo principe, — io, non ti avrei mai fatto del male, ma tu hai voluto che ti addomesticassi...

— È vero — disse la volpe.

— Ma piangerai! — disse il piccolo principe.

— Di sicuro — disse la volpe.

— Allora non ci guadagni nulla!

— Ci guadagno — disse la volpe, — il colore del grano.

Poi aggiunse:

— Va' a rivedere le rose. Capirai che la tua è unica al mondo. Ritorna a dirmi addio e ti svelerò un segreto.

Il piccolo principe se ne andò a rivedere le rose.

— Voi non siete per niente simili alla mia rosa, voi non siete ancora niente — disse loro. — Nessuno vi ha addomesticato e voi non avete addomesticato nessuno. Voi siete come era la mia volpe. Non era che una volpe uguale a centomila altre. Ma ne ho fatto una mia amica e ora è unica al mondo.

Et les roses étaient bien gênées.

« Vous êtes belles mais vous êtes vides, leur dit-il encore. On ne peut pas mourir pour vous. Bien sûr, ma rose à moi, un passant ordinaire croirait qu'elle vous ressemble. Mais à elle seule elle est plus importante que vous toutes, puisque c'est elle que j'ai arrosée. Puisque c'est elle que j'ai mise sous globe. Puisque c'est elle que j'ai abritée par le paravent. Puisque c'est elle dont j'ai tué les chenilles (sauf les deux ou trois pour les papillons). Puisque c'est elle que j'ai écoutée se plaindre, ou se vanter, ou même quelquefois se taire. Puisque c'est ma rose. »

Et il revint vers le renard :

« Adieu, dit-il…

— Adieu, dit le renard. Voici mon secret. Il est très simple : on ne voit bien qu'avec le cœur. L'essentiel est invisible pour les yeux.

— L'essentiel est invisible pour les yeux, répéta le petit prince, afin de se souvenir.

— C'est le temps que tu as perdu pour ta rose qui fait ta rose si importante.

— C'est le temps que j'ai perdu pour ma rose… fit le petit prince, afin de se souvenir.

— Les hommes ont oublié cette vérité, dit le renard. Mais tu ne dois pas l'oublier. Tu deviens responsable pour toujours de ce que tu as apprivoisé. Tu es responsable de ta rose…

— Je suis responsable de ma rose… » répéta le petit prince, afin de se souvenir.

Le rose erano molto imbarazzate.

— Voi siete belle, ma siete vuote — disse ancora. — Non si può morire per voi. Certamente, anche la mia rosa, un passante qualsiasi crederebbe che vi assomigli. Ma lei, lei sola, è più importante di tutte voi, poiché è lei che io ho innaffiato. Poiché è lei che io ho messo sotto la campana di vetro. Poiché è lei che ho riparato col paravento. Poiché è su di lei che ho ucciso i bruchi (salvo i due o tre per le farfalle). Perché è lei che ho ascoltato lamentarsi o vantarsi o anche qualche volta tacere. Poiché è la mia rosa.

E ritornò dalla volpe.

— Addio — disse…

— Addio — disse la volpe. — Ecco il mio segreto. È molto semplice: non si vede bene che col cuore. L'essenziale è invisibile agli occhi.

— L'essenziale è invisibile agli occhi — ripeté il piccolo principe, per ricordarselo.

— È il tempo che tu hai perso per la tua rosa che ha reso la tua rosa così importante.

— È il tempo che ho perso per la mia rosa… — disse il piccolo principe per ricordarselo.

— Gli uomini hanno dimenticato questa verità. Ma tu non la devi dimenticare. Tu diventi responsabile per sempre di quello che hai addomesticato. Tu sei responsabile della tua rosa…

— Io sono responsabile della mia rosa… — ripeté il piccolo principe, al fine di ricordarselo.

XXII

« Bonjour, dit le petit prince.

— Bonjour, dit l'aiguilleur.

— Que fais-tu ici ? dit le petit prince.

— Je trie les voyageurs, par paquets de mille, dit l'aiguilleur. J'expédie les trains qui les emportent, tantôt vers la droite, tantôt vers la gauche. »

Et un rapide illuminé, grondant comme le tonnerre, fit trembler la cabine d'aiguillage.

« Ils sont bien pressés, dit le petit prince. Que cherchent-ils ?

— L'homme de la locomotive l'ignore lui-même », dit l'aiguilleur.

Et gronda, en sens inverse, un second rapide illuminé.

« Ils reviennent déjà ? demanda le petit prince...

— Ce ne sont pas les mêmes, dit l'aiguilleur. C'est un échange.

— Ils n'étaient pas contents, là où ils étaient ?

— On n'est jamais content là où l'on est », dit l'aiguilleur.

Et gronda le tonnerre d'un troisième rapide illuminé.

« Ils poursuivent les premiers voyageurs ? demanda le petit prince.

— Ils ne poursuivent rien du tout, dit l'aiguilleur. Ils dorment là-dedans, ou bien ils bâillent. Les en-

- Buon giorno — disse il piccolo principe.

— Buon giorno — disse il capostazione.

— Che fai qui? — domandò il piccolo principe.

— Smisto i viaggiatori, a pacchi di mille — disse il capostazione. — Spedisco i treni che li trasportano, a volte a destra, a volte a sinistra.

E un rapido tutto illuminato, rombando come il tuono, fece tremare la cabina del capostazione.

— Hanno tutti fretta — disse il piccolo principe. — Cosa cercano?

— Lo stesso macchinista lo ignora — disse il capostazione.

E rimbombò, in senso opposto, un secondo rapido tutto illuminato.

— Sono già di ritorno? — domandò il piccolo principe.

— Non sono gli stessi — disse il capostazione. — È uno scambio.

— Non erano contenti, là dove stavano?

— Non si è mai contenti dove si sta — disse il capostazione.

E rombò come il tuono un terzo rapido tutto illuminato.

— Inseguono i primi viaggiatori? — domandò il piccolo principe.

— Non inseguono assolutamente niente — disse il capostazione.

— Là dentro dormono, o sbadiglia-

fants seuls écrasent leur nez contre les vitres.

— Les enfants seuls savent ce qu'ils cherchent, fit le petit prince. Ils perdent du temps pour une poupée de chiffons, et elle devient très importante, et si on la leur enlève, ils pleurent...

— Ils ont de la chance », dit l'aiguilleur.

no tutt'al più. Solamente i bambini schiacciano il naso contro i vetri.

— Solo i bambini sanno quello che cercano — disse il piccolo principe. — Perdono tempo per una bambola di pezza e lei diventa molto importante, e se gli viene tolta, piangono…

— Sono fortunati — disse il capostazione.

XXIII

« Bonjour, dit le petit prince.

— Bonjour », dit le marchand.

C'était un marchand de pilules perfectionnées qui apaisent la soif. On en avale une par semaine et l'on n'éprouve plus le besoin de boire.

« Pourquoi vends-tu ça ? dit le petit prince.

— C'est une grosse économie de temps, dit le marchand. Les experts ont fait des calculs. On épargne cinquante-trois minutes par semaine.

— Et que fait-on des cinquante-trois minutes ?

— On en fait ce que l'on veut... »

« Moi, se dit le petit prince, si j'avais cinquante-trois minutes à dépenser, je marcherais tout doucement vers une fontaine... »

- Buon giorno — disse il piccolo principe.

— Buon giorno — disse il mercante.

Era un mercante di pillole speciali che placavano la sete. Se ne ingoiava una la settimana e non si provava più il bisogno di bere.

— Perché le vendi? — disse il piccolo principe.

— È un gran risparmio di tempo — disse il mercante. Gli esperti hanno fatto dei calcoli. Si risparmiano cinquantatré minuti alla settimana.

— E che cosa se ne fa uno di questi cinquantatré minuti?

— Ne fa quel che vuole...

"Io", si disse il piccolo principe, "se avessi cinquantatré minuti da spendere, camminerei piano piano verso una fontana…"

XXIV

Nous en étions au huitième jour de ma panne dans le désert, et j'avais écouté l'histoire du marchand en buvant la dernière goutte de ma provision d'eau :

« Ah ! dis-je au petit prince, ils sont bien jolis, tes souvenirs, mais je n'ai pas encore réparé mon avion, je n'ai plus rien à boire, et je serais heureux, moi aussi, si je pouvais marcher tout doucement vers une fontaine !

— Mon ami le renard, me dit-il…

— Mon petit bonhomme, il ne s'agit plus du renard !

— Pourquoi ?

— Parce qu'on va mourir de soif… »

Il ne comprit pas mon raisonnement, il me répondit :

« C'est bien d'avoir eu un ami, même si l'on va mourir. Moi, je suis bien content d'avoir eu un ami renard… »

« Il ne mesure pas le danger, me dis-je. Il n'a jamais ni faim ni soif. Un peu de soleil lui suffit… »

Mais il me regarda et répondit à ma pensée :

« J'ai soif aussi… cherchons un puits… »

J'eus un geste de lassitude : il est absurde de chercher un puits, au hasard, dans l'immensité du désert. Cependant nous nous mîmes en

Eravamo all'ottavo giorno da quando ero in panne nel deserto e avevo ascoltato la storia del mercante bevendo l'ultima goccia della mia provvista d'acqua:

— Ah! — dissi al piccolo principe, — sono molto belli i tuoi ricordi, ma io non ho ancora riparato il mio aereo, non ho più niente da bere e sarei felice, anch'io, se potessi camminare piano piano verso una fontana!

— La mia amica volpe, mi disse…

— Mio ometto, non ha più importanza la volpe!

— Perché?

— Perché si morirà di sete…

Non capì il mio ragionamento e mi rispose:

— È un bene aver avuto un amico, anche se si muore. Io, sono molto contento d'aver avuto un'amica volpe…

"Non percepisce il pericolo", mi dissi. "Non ha mai né fame né sete. Un po' di sole gli è sufficiente…"

Ma mi guardò e ripose al mio pensiero:

— Anch'io ho sete… cerchiamo un pozzo…

Ebbi un gesto di stanchezza: è assurdo cercare un pozzo, a caso, nell'immensità del deserto. Tuttavia ci mettemmo lo stesso in

marche.

Quand nous eûmes marché, des heures, en silence, la nuit tomba, et les étoiles commencèrent de s'éclairer. Je les apercevais comme en rêve, ayant un peu de fièvre, à cause de ma soif. Les mots du petit prince dansaient dans ma mémoire :

« Tu as donc soif, toi aussi ? » lui demandai-je.

Mais il ne répondit pas à ma question. Il me dit simplement :

« L'eau peut aussi être bonne pour le cœur... »

Je ne compris pas sa réponse mais je me tus... Je savais bien qu'il ne fallait pas l'interroger.

Il était fatigué. Il s'assit. Je m'assis auprès de lui. Et, après un silence, il dit encore :

« Les étoiles sont belles, à cause d'une fleur que l'on ne voit pas... »

Je répondis « bien sûr » et je regardai, sans parler, les plis du sable sous la lune.

« Le désert est beau », ajouta-t-il...

Et c'était vrai. J'ai toujours aimé le désert. On s'assoit sur une dune de sable. On ne voit rien. On n'entend rien. Et cependant quelque chose rayonne en silence...

« Ce qui embellit le désert, dit le petit prince, c'est qu'il cache un puits quelque part... »

Je fus surpris de comprendre soudain ce mystérieux rayonnement du sable. Lorsque j'étais petit garçon j'habitais une maison ancienne,

cammino.

Dopo aver camminato, per ore, in silenzio, scese la notte, e le stelle cominciarono ad accendersi. Le percepivo come in sogno, avendo un po' di febbre, a causa della sete. Le parole del piccolo principe danzavano nella mia memoria:

— Hai sete allora, anche tu? — gli domandai.

Ma non rispose alla mia domanda. Mi disse semplicemente:

— L'acqua può far bene anche al cuore...

Non compresi la sua risposta, ma stetti zitto... sapevo bene che non bisognava interrogarlo.

Era stanco. Si sedette. Mi sedetti accanto a lui. E dopo una pausa, disse ancora:

— Le stelle sono belle, grazie a un fiore che non si vede...

Risposi: — Proprio così — e guardai, senza parlare, le onde della sabbia sotto la luna.

— Il deserto è bello — aggiunse...

Ed era vero. Mi è sempre piaciuto il deserto. Ci si siede su una duna di sabbia. Non si vede nulla. Non si sente nulla. Eppure qualche cosa risplende nel silenzio...

— Ciò che rende bello il deserto, — disse il piccolo principe, — è che nasconde un pozzo da qualche parte...

Di colpo compresi cosa fosse quel misterioso riverbero della sabbia e ne rimasi sorpreso. Quando ero ragazzo abitavo in una casa antica e

et la légende racontait qu'un trésor y était enfoui. Bien sûr, jamais personne n'a su le découvrir, ni peut-être même ne l'a cherché. Mais il enchantait toute cette maison. Ma maison cachait un secret au fond de son cœur...

« Oui, dis-je au petit prince, qu'il s'agisse de la maison, des étoiles ou du désert, ce qui fait leur beauté est invisible !

— Je suis content, dit-il, que tu sois d'accord avec mon renard. »

Comme le petit prince s'endormait, je le pris dans mes bras, et me remis en route. J'étais ému. Il me semblait porter un trésor fragile. Il me semblait même qu'il n'y eût rien de plus fragile sur la Terre. Je regardais, à la lumière de la lune, ce front pâle, ces yeux clos, ces mèches de cheveux qui tremblaient au vent, et je me disais : « Ce que je vois là n'est qu'une écorce. Le plus important est invisible... »

Comme ses lèvres entr'ouvertes ébauchaient un demi-sourire je me dis encore : « Ce qui m'émeut si fort de ce petit prince endormi, c'est sa fidélité pour une fleur, c'est l'image d'une rose qui rayonne en lui comme la flamme d'une lampe, même quand il dort... » Et je le devinai plus fragile encore. Il faut bien protéger les lampes : un coup de vent peut les éteindre...

Et, marchant ainsi, je découvris le puits au lever du jour.

la leggenda raccontava che c'era un tesoro nascosto. Ovviamente, nessuno è mai riuscito a scoprirlo, né forse l'ha mai neanche cercato. Ma rendeva completamente magica questa casa. La mia casa nascondeva un segreto in fondo al suo cuore...

— Sì, — dissi al piccolo principe, — che si tratti di una casa, delle stelle o del deserto, quello che li rende belli è invisibile.

— Sono contento, — disse il piccolo principe, — che tu sia d'accordo con la mia volpe.

Come il piccolo principe si addormentò, io lo presi in braccio e mi rimisi in cammino. Ero emozionato. Mi sembrava di portare un fragile tesoro. Mi sembrava pure che non ci fosse niente di più fragile sulla Terra. Guardavo, alla luce della luna, quella fronte pallida, quegli occhi chiusi, quelle ciocche di capelli che tremolavano al vento, e mi dicevo: "Questo che io vedo non è che la scorza. Il più importante è invisibile..."

Siccome le sue labbra dischiuse abbozzavano un mezzo sorriso mi dissi ancora: "Ecco ciò che mi commuove così tanto di questo piccolo principe addormentato: è la sua fedeltà a un fiore, è l'immagine di una rosa che risplende in lui come la fiamma di una lampada, anche quando dorme..." E lo immaginavo più fragile ancora. Bisogna proteggere bene le lampade: un colpo di vento le può spegnere...

E, continuando a camminare, scoprii il pozzo al levar del giorno.

XXV

- Les hommes, dit le petit prince, ils s'enfournent dans les rapides, mais ils ne savent plus ce qu'ils cherchent. Alors ils s'agitent et tournent en rond…

Et il ajouta :

« Ce n'est pas la peine… »

- Gli uomini, — disse il piccolo principe, — si infilano nei rapidi, ma non sanno più quello che cercano. Allora si agitano e girano in tondo…

E aggiunse:

— Non ne vale la pena…

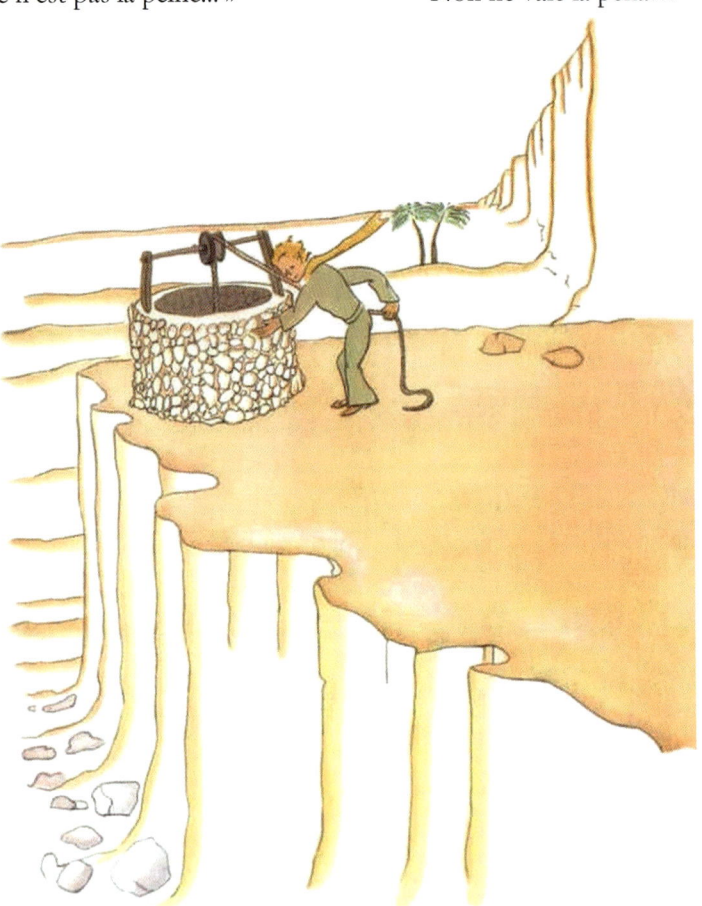

Le puits que nous avions atteint ne ressemblait pas aux puits sahariens. Les puits sahariens sont de

Il pozzo che avevamo raggiunto non assomigliava ai pozzi sahariani. I pozzi sahariani sono dei semplici

simples trous creusés dans le sable. Celui-là ressemblait à un puits de village. Mais il n'y avait là aucun village, et je croyais rêver.

« C'est étrange, dis-je au petit prince, tout est prêt : la poulie, le seau et la corde... »

Il rit, toucha la corde, fit jouer la poulie. Et la poulie gémit comme gémit une vieille girouette quand le vent a longtemps dormi.

« Tu entends, dit le petit prince, nous réveillons ce puits et il chante... »

Je ne voulais pas qu'il fît un effort :

« Laisse-moi faire, lui dis-je, c'est trop lourd pour toi. »

Lentement je hissai le seau jusqu'à la margelle. Je l'y installai bien d'aplomb. Dans mes oreilles durait le chant de la poulie et, dans l'eau qui tremblait encore, je voyais trembler le soleil.

« J'ai soif de cette eau-là, dit le petit prince, donne-moi à boire... »

Et je compris ce qu'il avait cherché !

Je soulevai le seau jusqu'à ses lèvres. Il but, les yeux fermés. C'était doux comme une fête. Cette eau était bien autre chose qu'un aliment. Elle était née de la marche sous les étoiles, du chant de la poulie, de l'effort de mes bras. Elle était bonne pour le cœur, comme un cadeau. Lorsque j'étais petit garçon, la lumière de l'arbre de Noël, la musique de la messe de minuit, la douceur des sourires faisaient ainsi tout le rayonnement du cadeau de Noël que je recevais.

buchi scavati nella sabbia. Questo assomigliava a un pozzo di villaggio. Ma non c'era alcun villaggio intorno, e mi sembrava di sognare.

— È strano, — dissi al piccolo principe, — è tutto pronto: la carrucola, il secchio e la corda...

Rise, toccò la corda, fece funzionare la carrucola. E la carrucola gemette come geme una vecchia banderuola dopo che il vento ha a lungo dormito.

— Lo senti, — disse il piccolo principe, — noi svegliamo questo pozzo e lui canta...

Non volevo che facesse uno sforzo:

— Lasciami fare, — gli dissi, — è troppo pesante per te.

Lentamente issai il secchio fino al bordo del pozzo. Lo sistemai ben fermo. Nelle mie orecchie perdurava il canto della carrucola e, nell'acqua che tremolava ancora, vedevo tremare il sole.

— Ho sete di questa acqua, — disse il piccolo principe, — dammi da bere...

E capii quello che aveva cercato!

Sollevai il secchio fino alle sue labbra. Bevette con gli occhi chiusi. Era dolce come una festa. Quest'acqua era ben altra cosa che un alimento. Era nata dalla camminata sotto le stelle, dal canto della carrucola, dallo sforzo delle mie braccia. Faceva bene al cuore, come un dono. Quando ero ragazzino, le luci dell'albero di Natale, la musica della Messa di mezzanotte, la dolcezza dei sorrisi, facevano risplendere anche gli stessi doni di Natale che ricevevo.

« Les hommes de chez toi, dit le petit prince, cultivent cinq mille roses dans un même jardin... et ils n'y trouvent pas ce qu'ils cherchent.

— Ils ne le trouvent pas, répondis-je...

— Et cependant ce qu'ils cherchent pourrait être trouvé dans une seule rose ou un peu d'eau...

— Bien sûr », répondis-je.

Et le petit prince ajouta :

« Mais les yeux sont aveugles. Il faut chercher avec le cœur. »

J'avais bu. Je respirais bien. Le sable, au lever du jour, est couleur de miel. J'étais heureux aussi de cette couleur de miel. Pourquoi fallait-il que j'eusse de la peine...

« Il faut que tu tiennes ta promesse », me dit doucement le petit prince, qui, de nouveau, s'était assis auprès de moi.

« Quelle promesse ?

— Tu sais... une muselière pour mon mouton... je suis responsable de cette fleur ! »

Je sortis de ma poche mes ébauches de dessin. Le petit prince les aperçut et dit en riant :

« Tes baobabs, ils ressemblent un peu à des choux...

— Oh ! »

Moi qui étais si fier des baobabs !

« Ton renard... ses oreilles... elles ressemblent un peu à des cornes... et elles sont trop longues ! »

Et il rit encore.

« Tu es injuste, petit bonhomme, je ne savais rien dessiner que les boas fermés et les boas ouverts.

— Oh ! ça ira, dit-il, les enfants

— Da te, gli uomini, — disse il piccolo principe, — coltivano cinquemila rose nello stesso giardino... e non trovano quello che cercano.

— Non lo trovano — risposi io...

— E tuttavia quello che cercano potrebbe essere trovato in una sola rosa o in un po' d'acqua...

— Sicuramente — risposi.

E il piccolo principe aggiunse:

— Ma gli occhi sono ciechi. Bisogna cercare col cuore.

Avevo bevuto. Respiravo bene. La sabbia, al levar del giorno, era color del miele. Ero felice anche di questo color del miele. Perché invece mi sentivo in pena...

— Devi mantenere la tua promessa — mi disse dolcemente il piccolo principe, che, di nuovo si era seduto vicino a me.

— Quale promessa?

— Lo sai... una museruola per la mia pecora... sono responsabile di quel fiore!

Tirai fuori dalla tasca le bozze dei miei disegni. Il piccolo principe li vide e disse ridendo:

— I tuoi baobab assomigliano un po' a dei cavoli...

— Oh!

Io che ero così fiero dei baobab!

— La tua volpe... le sue orecchie... assomigliano un po' a delle corna... e sono troppo lunghe!

E rise ancora.

— Sei ingiusto, ometto, non sapevo disegnare nient'altro che i boa interi e i boa in sezione.

— Oh! andrà bene, — disse, — i

savent. »

Je crayonnai donc une muselière. Et j'eus le cœur serré en la lui donnant :

« Tu as des projets que j'ignore... »

Mais il ne me répondit pas. Il me dit :

« Tu sais, ma chute sur la Terre... c'en sera demain l'anniversaire... »

Puis, après un silence il dit encore :

« J'étais tombé tout près d'ici... »

Et il rougit.

Et de nouveau, sans comprendre pourquoi, j'éprouvai un chagrin bizarre. Cependant une question me vint :

« Alors ce n'est pas par hasard que, le matin où je t'ai connu, il y a huit jours, tu te promenais comme ça, tout seul, à mille milles de toutes les régions habitées ! Tu retournais vers le point de ta chute ? »

Le petit prince rougit encore.

Et j'ajoutai, en hésitant :

« À cause, peut-être, de l'anniversaire ?... »

Le petit prince rougit de nouveau. Il ne répondait jamais aux questions, mais, quand on rougit, ça signifie « oui », n'est-ce pas ?

« Ah ! lui dis-je, j'ai peur... »

Mais il me répondit :

« Tu dois maintenant travailler. Tu dois repartir vers ta machine. Je t'attends ici. Reviens demain soir... »

Mais je n'étais pas rassuré. Je me souvenais du renard. On risque de pleurer un peu si l'on s'est laissé apprivoiser...

bambini capiscono.

Abbozzai quindi una museruola. E mi si stringeva il cuore nel dargliela:

— Hai dei progetti che ignoro…

Ma lui non mi rispose. Mi disse:

— Sai, la mia caduta sulla Terra…. sarà domani l'anniversario…

Poi, dopo una pausa, disse ancora:

— Ero caduto proprio qui vicino…

E arrossì.

E di nuovo, senza capire il perché, provai uno strano dolore. Tuttavia mi venne una domanda:

— Allora non è per caso che, il mattino in cui ti ho conosciuto, otto giorni fa, tu te ne andavi così, tutto solo, a mille miglia da qualsiasi regione abitata! Ritornavi verso il punto della tua caduta?

Il piccolo principe arrossì ancora.

E aggiunsi, esitando:

— A causa, forse, dell'anniversario…?

Il piccolo principe arrossì di nuovo. Non rispondeva mai alle domande, ma quando si arrossisce, vuol dire "sì", non è vero?

— Ah! — gli dissi — temo…

Ma mi rispose:

— Ora devi lavorare. Devi ritornare dal tuo motore. Ti aspetto qui. Ritorna domani sera…

Ma non ero rassicurato. Mi ricordavo della volpe. Si rischia di piangere un po' se ci si è lasciati addomesticare…

XXVI

Il y avait, à côté du puits, une ruine de vieux mur de pierre. Lorsque je revins de mon travail, le lendemain soir, j'aperçus de loin mon petit prince assis là-haut, les jambes pendantes. Et je l'entendis qui parlait :

« Tu ne t'en souviens donc pas ? disait-il. Ce n'est pas tout à fait ici ! »

Une autre voix lui répondit sans doute, puisqu'il répliqua :

« Si ! Si ! c'est bien le jour, mais ce n'est pas ici l'endroit... »

Je poursuivis ma marche vers le mur. Je ne voyais ni n'entendais toujours personne. Pourtant le petit prince répliqua de nouveau :

« ... Bien sûr. Tu verras où commence ma trace dans le sable. Tu n'as qu'à m'y attendre. J'y serai cette nuit. »

J'étais à vingt mètres du mur et je ne voyais toujours rien.

Le petit prince dit encore, après un silence :

« Tu as du bon venin ? Tu es sûr de ne pas me faire souffrir longtemps ? »

Je fis halte, le cœur serré, mais je ne comprenais toujours pas.

« Maintenant va-t'en, dit-il ...je veux redescendre ! »

Alors j'abaissai moi-même les yeux vers le pied du mur, et je fis un bond ! Il était là, dressé vers le petit prince, un de ces serpents jaunes qui vous exécutent en trente secondes.

C'era, a fianco del pozzo, un vecchio muro di pietra in rovina. Quando ritornai dal mio lavoro, l'indomani sera, scorsi da lontano il mio piccolo principe seduto là sopra, le gambe penzoloni. Lo udii che parlava.

— Quindi non te ne ricordi più? — diceva, — non è affatto qui!

Un'altra voce senza dubbio gli rispondeva, poiché egli replicò:

— Sì! sì! È proprio questo il giorno, ma non è qui il luogo...

Continuai il mio cammino verso il muro. Non vedevo né udivo nessuno. Tuttavia il piccolo principe replicò di nuovo:

— ... Certamente. Verrai dove inizia la mia traccia nella sabbia. Non hai che da attendermi. Ci sarò questa notte.

Ero a venti metri dal muro e non vedevo ancora nulla.

Il piccolo principe disse ancora, dopo una pausa:

— Tu hai del buon veleno? Sei sicuro di non farmi soffrire a lungo?

Mi fermai, il cuore che si stringeva, ma non comprendevo ancora.

— Ora vai, — disse — ...voglio scendere!

Allora abbassai i miei occhi proprio ai piedi del muro e feci un salto! Là, drizzato verso il piccolo principe, c'era uno di quei serpenti gialli che ti uccidono in trenta secondi.

Tout en fouillant ma poche pour en tirer mon revolver, je pris le pas de course, mais, au bruit que je fis, le serpent se laissa doucement couler dans le sable, comme un jet d'eau qui meurt, et, sans trop se presser, se faufila entre les pierres avec un léger bruit de métal. Je parvins au mur juste à temps pour y recevoir dans les bras mon petit bonhomme de prince, pâle comme la neige.

Pur frugando in tasca per prendere il revolver, mi misi a correre, ma al rumore che feci, il serpente si lasciò scivolare dolcemente nella sabbia, come un getto d'acqua che muore, e, senza troppo affrettarsi si infilò tra le pietre con un leggero rumore metallico. Giunsi davanti al muro giusto in tempo per ricevere fra le braccia il mio ometto principesco, pallido come la neve.

« Quelle est cette histoire-là ! Tu parles maintenant avec les serpents ! »

— Che cos'è questa storia! Adesso parli con i serpenti!

J'avais défait son éternel cache-nez d'or. Je lui avais mouillé les tempes et l'avais fait boire. Et maintenant je n'osais plus rien lui demander. Il me regarda gravement et m'entoura le cou de ses bras. Je sentais battre son cœur comme celui d'un oiseau qui meurt, quand on l'a tiré à la carabine. Il me dit :

Avevo sciolto la sua sciarpa d'oro perennemente avvolta. Gli avevo bagnato le tempie e l'avevo fatto bere. E ora non osavo più domandargli niente. Mi guardò seriamente e mi strinse le braccia al collo. Sentivo battere il suo cuore come quello di un uccellino che muore, quando l'hanno colpito col fucile. Mi disse:

« Je suis content que tu aies trouvé ce qui manquait à ta machine. Tu

— Sono contento che tu abbia trovato quello che mancava al tuo

vas pouvoir rentrer chez toi...

— Comment sais-tu ! »

Je venais justement lui annoncer que, contre toute espérance, j'avais réussi mon travail !

Il ne répondit rien à ma question, mais il ajouta :

« Moi aussi, aujourd'hui, je rentre chez moi... »

motore. Puoi ritornare a casa tua...

— Come lo sai!

Stavo proprio per annunciargli che, contro ogni speranza, ero riuscito nel mio lavoro!

Non rispose alla mia domanda, ma aggiunse:

— Anch'io, oggi, ritorno a casa...

Puis, mélancolique :

« C'est bien plus loin... c'est bien plus difficile... »

Je sentais bien qu'il se passait quelque chose d'extraordinaire. Je le serrais dans les bras comme un petit enfant, et cependant il me semblait qu'il coulait verticalement dans un abîme sans que je pusse rien pour le retenir...

Il avait le regard sérieux, perdu très loin :

« J'ai ton mouton. Et j'ai la caisse pour le mouton. Et j'ai la muselière... »

Et il sourit avec mélancolie.

Poi, malinconicamente:

— È ben più lontano... è molto più difficile…

Sentivo che stava succedendo qualcosa di straordinario. Lo stringevo in braccio come un bimbetto, eppure mi sembrava che scivolasse verticalmente dentro un abisso senza che io potessi fare nulla per trattenerlo...

Aveva lo sguardo serio, perduto molto lontano:

— Ho la tua pecora. E ho la cassetta per la pecora. E ho la museruola...

E sorrise con malinconia.

J'attendis longtemps. Je sentais qu'il se réchauffait peu à peu :

« Petit bonhomme, tu as eu peur... »

Il avait eu peur, bien sûr ! Mais il rit doucement :

« J'aurai bien plus peur ce soir... »

De nouveau je me sentis glacé par le sentiment de l'irréparable. Et je compris que je ne supportais pas l'idée de ne plus jamais entendre ce rire. C'était pour moi comme une fontaine dans le désert.

« Petit bonhomme, je veux encore t'entendre rire... »

Mais il me dit :

« Cette nuit, ça fera un an. Mon étoile se trouvera juste au-dessus de l'endroit où je suis tombé l'année dernière... »

— Petit bonhomme, n'est-ce pas que c'est un mauvais rêve cette histoire de serpent et de rendez-vous et d'étoile... »

Mais il ne répondit pas à ma question. Il me dit :

« Ce qui est important, ça ne se voit pas...

— Bien sûr...

— C'est comme pour la fleur. Si tu aimes une fleur qui se trouve dans une étoile, c'est doux, la nuit, de regarder le ciel. Toutes les étoiles sont fleuries.

— Bien sûr...

— C'est comme pour l'eau. Celle que tu m'as donnée à boire était comme une musique, à cause de la poulie et de la corde... tu te rappelles... elle était bonne.

— Bien sûr...

Attesi a lungo. Sentivo che si riscaldava a poco a poco:

— Ometto, hai avuto paura...

Aveva avuto paura, sicuramente! Ma rise dolcemente:

— Avrò ben più paura questa sera...

Di nuovo mi sentii raggelare per la sensazione dell'irreparabile. E capii che non potevo sopportare l'idea di non sentire più quella risata. Era per me come una fontana nel deserto.

— Ometto, voglio ancora sentirti ridere...

Ma mi disse:

— Questa notte, sarà un anno. La mia stella si troverà proprio sopra al luogo dove sono caduto l'anno scorso...

— Ometto, non è che si tratta di un brutto sogno quella storia del serpente, dell'appuntamento e della stella...

Ma non rispose alla mia domanda. Mi disse:

— Quello che è importante, non lo si vede...

— Certo...

— È come per il fiore. Se tu ami un fiore che si trova su una stella, è dolce, la notte, guardare il cielo. Tutte le stelle sono fiorite.

— Certo...

— È come per l'acqua. Quella che tu mi hai offerto da bere era come una musica, grazie alla carrucola e alla corda... ti ricordi... era buona.

— Certo...

« — Tu regarderas, la nuit, les étoiles. C'est trop petit chez moi pour que je te montre où se trouve la mienne. C'est mieux comme ça. Mon étoile, ça sera pour toi une des étoiles. Alors, toutes les étoiles, tu aimeras les regarder... Elles seront toutes tes amies. Et puis je vais te faire un cadeau... »

Il rit encore.

« Ah ! petit bonhomme, petit bonhomme j'aime entendre ce rire !

— Justement ce sera mon cadeau... ce sera comme pour l'eau...

— Que veux-tu dire ?

— Les gens ont des étoiles qui ne sont pas les mêmes. Pour les uns, qui voyagent, les étoiles sont des guides. Pour d'autres elles ne sont rien que de petites lumières. Pour d'autres qui sont savants elles sont des problèmes. Pour mon businessman elles étaient de l'or. Mais toutes ces étoiles-là se taisent. Toi, tu auras des étoiles comme personne n'en a...

— Que veux-tu dire ?

— Quand tu regarderas le ciel, la nuit, puisque j'habiterai dans l'une d'elles, puisque je rirai dans l'une d'elles, alors ce sera pour toi comme si riaient toutes les étoiles. Tu auras, toi, des étoiles qui savent rire ! »

Et il rit encore.

« Et quand tu seras consolé (on se console toujours) tu seras content de m'avoir connu. Tu seras toujours mon ami. Tu auras envie de rire avec moi. Et tu ouvriras parfois ta fenêtre, comme ça, pour le plaisir... Et tes amis seront bien étonnés de te voir rire en regardant le ciel. Alors tu leur diras : "Oui, les

— Di notte, tu guarderai le stelle. È troppo piccolo da me perché ti possa mostrare dove si trova la mia stella. È meglio così. La mia stella sarà per te una delle stelle. Quindi ti piacerà guardarle tutte, le stelle... Loro saranno tutte tue amiche. E poi ti sto per fare un regalo...

Rise ancora.

— Ah! Ometto, ometto, mi piace sentirti ridere così!

— E sarà proprio questo il mio regalo... sarà come per l'acqua...

— Cosa vuoi dire?

— La gente ha delle stelle che non sono le stesse per tutti. Per alcuni, quelli che viaggiano, le stelle sono delle guide. Per altri non sono che delle piccole luci. Per altri che sono degli studiosi, sono dei problemi. Per il mio uomo d'affari erano dell'oro. Ma tutte queste stelle tacciono. Tu, tu avrai delle stelle come nessuno ha...

— Che cosa vuoi dire?

Quando tu guarderai il cielo, di notte, poiché io abiterò in una di esse, poiché io riderò in una di esse, allora sarà per te come se tutte le stelle ridessero. Tu, tu avrai delle stelle che sanno ridere!

E rise ancora.

— E quando ti sarai consolato (ci si consola sempre) tu sarai contento di avermi conosciuto. Tu sarai sempre mio amico. Avrai voglia di ridere con me. E apriral a volte la finestra, così, per piacere... E i tuoi amici saranno molto stupiti di vederti ridere guardando il cielo. Allora tu dirai a loro: "Sì, le stelle, mi fanno

étoiles, ça me fait toujours rire ! » Et ils te croiront fou. Je t'aurai joué un bien vilain tour... »

Et il rit encore.

« Ce sera comme si je t'avais donné, au lieu d'étoiles, des tas de petits grelots qui savent rire... »

Et il rit encore. Puis il redevint sérieux :

« Cette nuit... tu sais... ne viens pas.

— Je ne te quitterai pas.

— J'aurai l'air d'avoir mal... j'aurai un peu l'air de mourir. C'est comme ça. Ne viens pas voir ça, ce n'est pas la peine...

— Je ne te quitterai pas. »

Mais il était soucieux.

« Je te dis ça... c'est à cause aussi du serpent. Il ne faut pas qu'il te morde... Les serpents, c'est méchant. Ça peut mordre pour le plaisir...

— Je ne te quitterai pas. »

Mais quelque chose le rassura :

« C'est vrai qu'ils n'ont plus de venin pour la seconde morsure... »

Cette nuit-là je ne le vis pas se mettre en route. Il s'était évadé sans bruit. Quand je réussis à le rejoindre il marchait décidé, d'un pas rapide. Il me dit seulement :

« Ah ! tu es là... »

Et il me prit par la main. Mais il se tourmenta encore :

« Tu as eu tort. Tu auras de la peine. J'aurai l'air d'être mort et ce ne sera pas vrai... »

Moi je me taisais.

« Tu comprends. C'est trop loin. Je ne peux pas emporter ce corps-là. C'est trop lourd. »

sempre ridere!" E ti crederanno pazzo. T'avrò giocato un gran brutto scherzo...

E rise ancora.

— Sarà come se t'avessi donato, al posto delle stelle, dei mucchi di piccoli sonagli che sanno ridere...

E rise ancora. Poi ridiventò serio.

— Questa notte... lo sai... non venire.

— Non ti lascerò.

— Sembrerà che io mi senta male... avrò un po' l'aspetto di uno che muore. È così. Non venire a vedere, non ne vale la pena...

— Non ti lascerò.

Ma era preoccupato.

— Ti dico questo... anche per via del serpente. Non bisogna che ti morda... I serpenti, sono cattivi. Ti può mordere per il piacere di...

— Non ti lascerò.

Ma qualcosa lo rassicurò:

— È vero che non hanno più veleno per il secondo morso…

Quella notte non lo vidi mettersi in cammino. Si era dileguato senza far rumore. Quando riuscii a raggiungerlo camminava deciso, con un passo rapido. Mi disse solamente:

— Ah! Sei qui...

E mi prese per mano. Ma ancora si tormentava:

— Hai fatto male. Soffrirai. Sembrerò morto e non sarà vero...

Io me ne stavo zitto.

— Capisci? È troppo lontano. Non posso portare questo corpo là. È troppo pesante.

Moi je me taisais.

« Mais ce sera comme une vieille écorce abandonnée. Ce n'est pas triste les vieilles écorces... »

Moi je me taisais.

Il se découragea un peu. Mais il fit encore un effort :

« Ce sera gentil, tu sais. Moi aussi je regarderai les étoiles. Toutes les étoiles seront des puits avec une poulie rouillée. Toutes les étoiles me verseront à boire... »

Moi je me taisais.

« Ce sera tellement amusant ! Tu auras cinq cents millions de grelots, j'aurai cinq cents millions de fontaines... »

Et il se tut aussi, parce qu'il pleurait...

« C'est là. Laisse-moi faire un pas tout seul. »

Et il s'assit parce qu'il avait peur.

Io me ne stavo zitto.

— Ma sarà come una vecchia scorza abbandonata. Non sono tristi le vecchie scorze...

Io me ne stavo zitto.

Si scoraggiò un poco. Ma fece ancora uno sforzo:

— Sarà bello, sai. Anch'io guarderò le stelle. Tutte le stelle saranno dei pozzi con una carrucola arrugginita. Tutte le stelle mi verseranno da bere...

Io me ne stavo zitto.

— Sarà così divertente! Tu avrai cinquecento milioni di sonagli, io avrò cinquecento milioni di fontane...

E tacque anche lui, perché piangeva...

— È là. Lasciami fare un passo da solo.

E si sedette perché aveva paura.

Il dit encore :

« Tu sais... ma fleur... j'en suis responsable ! Et elle est tellement faible ! Et elle est tellement naïve. Elle a quatre épines de rien du tout pour la protéger contre le monde... »

Moi je m'assis parce que je ne pouvais plus me tenir debout. Il dit :

« Voilà... C'est tout... »

Il hésita encore un peu, puis il se releva. Il fit un pas. Moi je ne pouvais pas bouger.

Il n'y eut rien qu'un éclair jaune près de sa cheville. Il demeura un instant immobile. Il ne cria pas. Il tomba doucement comme tombe un arbre. Ça ne fit même pas de bruit, à cause du sable.

E disse ancora:

— Sai... il mio fiore... ne sono responsabile! Ed è talmente fragile! Ed è così ingenuo. Ha quattro spine da niente per proteggersi dal mondo…

Mi sedetti perché non potevo più stare in piedi. E lui disse:

— Ecco... è tutto...

Esitò ancora un poco, poi si rialzò. Fece un passo. Io non potevo muovermi.

Non ci fu altro che un guizzo giallo vicino alla sua caviglia. Rimase immobile per un istante. Non gridò. Cadde lentamente come cade un albero. Non fece nemmeno rumore, grazie alla sabbia.

XXVII

Et maintenant, bien sûr, ça fait six ans déjà... Je n'ai jamais encore raconté cette histoire. Les camarades qui m'ont revu ont été bien contents de me revoir vivant. J'étais triste mais je leur disais : « C'est la fatigue... »

Maintenant je me suis un peu consolé. C'est à dire... pas tout à fait. Mais je sais bien qu'il est revenu à sa planète, car, au lever du jour, je n'ai pas retrouvé son corps. Ce n'était pas un corps tellement lourd... Et j'aime la nuit écouter les étoiles. C'est comme cinq cent millions de grelots...

Mais voilà qu'il se passe quelque chose d'extraordinaire. La muselière que j'ai dessinée pour le petit prince, j'ai oublié d'y ajouter la courroie de cuir ! Il n'aura jamais pu l'attacher au mouton. Alors je me demande : « Que s'est-il passé sur sa planète ? Peut-être bien que le mouton a mangé la fleur... »

Tantôt je me dis : « Sûrement non ! Le petit prince enferme sa fleur toutes les nuits sous son globe de verre, et il surveille bien son mouton... » Alors je suis heureux. Et toutes les étoiles rient doucement.

Tantôt je me dis : « On est distrait une fois ou l'autre, et ça suffit ! Il a oublié, un soir, le globe de verre, ou bien le mouton est sorti sans bruit pendant la nuit... » Alors les grelots se changent tous en larmes !...

C'est là un bien grand mystère.

Ed ora, certo, sono già passati sei anni… Non ho ancora mai raccontato questa storia. Gli amici che mi hanno rivisto sono stati molto contenti di rivedermi vivo. Ero triste, ma a loro dicevo: "È la stanchezza..."

Ora mi sono un po' consolato. Vale a dire... non del tutto in effetti. Ma so che è ritornato sul suo pianeta, perché, all'alba, non ho ritrovato il suo corpo. Non era un corpo così pesante... E di notte mi piace ascoltare le stelle. Sono come cinquecento milioni di sonagli...

Ma ecco che c'è qualcosa di strano. Alla museruola che ho disegnato per il piccolo principe, ho dimenticato di aggiungere la correggia di cuoio! Non avrà mai potuto metterla alla pecora. Allora mi domando: "Cosa è successo sul suo pianeta? Potrebbe certamente essere che la pecora ha mangiato il fiore..."

Altre volte mi dico: "Certamente no! Il piccolo principe mette il suo fiore tutte le notti sotto la sua campana di vetro e sorveglia bene la sua pecora..." Allora sono felice. E tutte le stelle ridono dolcemente.

Altre volte ancora mi dico: "Una volta o l'altra si distrae e questo basta! Ha dimenticato, una sera, la campana di vetro, oppure la pecora è uscita senza far rumore durante la notte..." Allora i sonagli si tramutano tutti in lacrime...!

Qui è un gran bel mistero! Per

Pour vous qui aimez aussi le petit prince, comme pour moi, rien de l'univers n'est semblable si quelque part, on ne sait où, un mouton que nous ne connaissons pas a, oui ou non, mangé une rose...

Regardez le ciel. Demandez-vous : « Le mouton oui ou non a-t-il mangé la fleur ? » Et vous verrez comme tout change...

Et aucune grande personne ne comprendra jamais que ça a tellement d'importance !

voi che pure volete bene al piccolo principe, come per me, niente nell'universo può essere lo stesso se da qualche parte, non si sa dove, una pecora che non conosciamo ha, sì o no, mangiato una rosa...

Guardate il cielo. Domandatevi: "la pecora ha mangiato o non ha mangiato il fiore?" E vedrete che tutto cambia...

E alcuni grandi non capiranno mai che questo abbia tanta importanza!

Ça c'est, pour moi, le plus beau et le plus triste paysage du monde. C'est le même paysage que celui de la page précédente, mais je l'ai dessiné une fois encore pour bien vous le montrer. C'est ici que le petit prince a apparu sur terre, puis disparu.

Regardez attentivement ce paysage afin d'être sûrs de le reconnaître, si vous voyagez un jour en Afrique, dans le désert. Et, s'il vous arrive de passer par là, je vous en supplie, ne vous pressez pas, attendez un peu juste sous l'étoile ! Si alors un enfant vient à vous, s'il rit, s'il a des cheveux d'or, s'il ne répond pas quand on l'interroge, vous devinerez bien qui il est. Alors soyez gentils ! Ne me laissez pas tellement triste : écrivez-moi vite qu'il est revenu...

Questo è, per me, il più bello e il più triste paesaggio del mondo. È lo stesso paesaggio di quello della pagina precedente, ma l'ho disegnato un'altra volta per mostrarvelo bene. È qui che il piccolo principe è apparso sulla Terra e poi è scomparso.

Guardate attentamente questo paesaggio per essere sicuri di riconoscerlo, se un giorno farete un viaggio in Africa, nel deserto. E, se vi capita di passare di là, vi supplico, non vi affrettate, fermatevi un momento proprio sotto le stelle! E se allora un bambino vi viene incontro, se ride, se ha i capelli d'oro, se non risponde quando lo si interroga, voi indovinerete certo chi è. Allora siate gentili! Non lasciatemi così triste: scrivetemi subito che è ritornato...

Antoine Marie Roger de Saint-Exupéry

Postface – Postfazione
La couleur du blé – Il colore del grano

C'est vraiment un honneur pour moi de pouvoir écrire cette postface et superviser la publication de ces nouvelles éditions du Petit Prince, et plus particulièrement des éditions bilingues qui pourront, je l'espère, faciliter la lecture du texte original de l'auteur, de ses propres mots, y compris par ceux qui ne connaissent pas bien le français, afin qu'ils en apprécient son extraordinaire pouvoir d'évocation.

Mais je ne souhaitais pas écrire une postface trop sérieuse ou ennuyeuse, car je pense que cela ne plairait pas du tout au Petit Prince. Donc avant de l'écrire, je suis allé me promener un peu sur ma planète, dans le monde des hommes et des enfants et dans celui de ma fantaisie et de mes souvenirs. Et puis je suis rentré, rapportant avec moi une petite histoire, ou peut-être devrais-je même dire une anecdote, que je pourrais raconter depuis ma petite étoile-astéroïde au cas où le Petit Prince viendrait un jour me rendre visite.

Une petite histoire que je vais essayer de vous raconter, à vous aussi qui êtes en train de me lire, au lieu de l'ennuyeuse postface que je suis censé écrire et que même les grands ne liraient probablement pas…

Aujourd'hui, comme d'habitude depuis que je fais partie du monde

Per me è davvero un onore poter scrivere questa postfazione, così come poter curare queste nuove edizioni de Il Piccolo Principe, in particolar modo quelle bilingui che mi auguro possano facilitare la lettura del testo originale dell'autore, delle sue stesse parole, anche da parte di chi non conosce bene il francese, per poterne apprezzare tutta la straordinaria forza evocativa.

Non volevo scrivere però una postfazione troppo seria e noiosa perché credo che al Piccolo Principe non piacerebbe affatto. Così prima di scriverla sono andato un po' in giro per il mio pianeta, nel mondo degli uomini e dei bambini e in quello della mia fantasia e dei miei ricordi. E sono tornato, portando con me una brevissima storia, o forse sarebbe meglio dire un aneddoto, da poter raccontare dalla mia piccola stella-asteroide, caso mai un giorno il Piccolo Principe passasse a farmi visita.

Una breve storiella che intanto provo a raccontare anche a voi che leggete, al posto della noiosa postfazione che dovrei scrivere e che di sicuro non leggerebbero nemmeno i grandi…

Oggi, come di consueto, da quando oramai mi tocca far parte del

des adultes quasiment à plein temps, j'aurais dû faire les mille choses habituelles plus une, pour donner raison à l'ouragan du temps et de la vie qui tourbillonne autour de moi.

Au lieu de cela, j'ai éteint mon réveil et je me suis rendormi.

Je me suis levé tard et j'ai pris mon petit-déjeuner face au soleil.

Ensuite je suis sorti et je suis allé chez le coiffeur pour me faire couper les cheveux très court, afin de mieux sentir les caresses et les récits du vent qui ramène le printemps tout en coiffant les rues et le ciel.

Enfin, je suis allé dans la forêt, mais pas pour chercher des champignons ou simplement me promener, mais pour planter des cerisiers.

Je l'ai fait pour rendre hommage à une personne qui m'est chère, qui me racontait des fables quand j'étais petit et qui m'a mené avant tous les autres sur les chemins des mots : ma grand-mère.

Quand j'étais petit et que j'allais dans les forêts de châtaigniers avec elle, il arrivait souvent qu'en voyant des cerisiers, je lui demande qui les avait plantés là, au milieu des bois, au milieu des plantes sauvages. Les premières fois, ma grand-mère me répondait que c'était le vent ou les oiseaux qui les avaient semés, mais vu que je n'arrêtais pas de lui poser cette question, manifestement peu convaincu par cette réponse, alors elle décida d'inventer une histoire...

Ma grand-mère aimait beaucoup raconter des histoires, presque autant que réciter des poésies par cœur.

L'histoire qu'elle inventa était juste une suite possible du Petit Prince d'Antoine de Saint-Exupéry que nous avions lu ensemble déjà plusieurs fois ; c'était le conte d'un

mondo delle persone adulte quasi a tempo pieno, avrei dovuto fare le solite mille cose più una, per dar retta al vortice del tempo e della vita che turbina attorno a me.

E invece, ho spento la sveglia, e ho ripreso a dormire.

Mi sono alzato tardi; e ho fatto colazione guardando il sole.

Poi sono uscito e sono andato dal parrucchiere, per tagliarmi i capelli corti corti, per meglio sentire le carezze e i racconti del vento che sta riportando la primavera, mentre spazzola le strade e il cielo.

Infine sono andato per i boschi, ma non per cercare funghi o semplicemente per passeggiare, bensì per seminare alberi di ciliegi.

L'ho fatto per ricordare una persona cara che mi raccontava le fiabe quando ero piccolo e che prima ancora di altri mi ha condotto per i sentieri delle parole: mia nonna.

Quando ero bambino e andavo nei boschi di castagni con lei, capitava sovente che vedendo degli alberi di ciliegi, io le chiedessi chi mai avesse piantato quegli alberi di ciliegi in mezzo ai boschi, fra le piante selvatiche. Le prime volte mia nonna mi rispose che le aveva seminate il vento oppure gli uccelli, ma visto che io più volte continuavo a ripetere quella domanda, evidentemente non del tutto soddisfatto della risposta, decise allora di inventare una storia...

A mia nonna piaceva molto raccontare le storie, quasi quanto recitare le poesie a memoria.

La storia che inventò era proprio una possibile continuazione del piccolo principe di Antoine de Saint'Excupery che avevamo letto insieme già diverse volte; e narrava di un ipotetico

hypothétique retour sur terre du Petit Prince pour revoir son renard.

ritorno sulla terra del Piccolo Principe per poter reincontrare la sua volpe.

Ce renard qui s'était laissé apprivoiser après lui avoir appris comment faire ; ce renard qui se souviendrait de lui après son départ et ressentirait de la nostalgie des moments passés ensemble à chaque fois qu'il aurait l'occasion de voir la couleur du blé.

Ce renard qui avait voulu lui appartenir comme lui avait appartenu la rose parce que lui pouvait l'aimer et la reconnaître entre mille.

L'histoire racontait les aventures du Petit Prince qui, après son retour sur Terre, errait sur la planète entière à la recherche de son renard et qui, pour laisser un signe de son passage

Quella volpe che si era fatta addomesticare, dopo avergli insegnato come fare; quella volpe che si sarebbe ricordata di lui dopo la sua partenza e che avrebbe provato nostalgia dei momenti trascorsi insieme ogni qualvolta le sarebbe capitato di osservare il colore del grano.

Quella volpe che aveva voluto diventare sua, come sua era diventata la rosa, perché lui la potesse amare e riconoscere anche in mezzo ad altre mille.

La storia narrava le vicende del Piccolo Principe che dopo essere tornato sulla Terra, vagava per tutto il pianeta alla ricerca della sua volpe e che, per lasciare un segno del suo passaggio che la volpe potesse riconosce-

que le renard puisse reconnaître, décidait de semer tout le long de son chemin quelque chose qui rappellerait au renard sa rose, là où, en voyant la couleur du blé, il penserait à lui.

re, aveva deciso di seminare lungo il suo cammino qualcosa che potesse ricordare alla volpe la sua rosa, nei punti in cui la volpe guardando il colore del grano avrebbe pensato a lui.

C'est ainsi qu'il eut l'idée de planter des coquelicots rouges dans les champs de blé.

En revanche, s'il arrivait de chercher son renard dans les montagnes recouvertes de châtaigniers, là où le blé ne pousse pas mais où se trouve ce qui lui ressemble le plus, tant par la possibilité d'en faire de la farine que, et surtout, par la couleur de ses feuilles d'automne, c'est-à-dire précisément des châtaigniers, là, dans ces champs faits d'arbres, pour rappeler au renard sa rose rouge dans la couleur dorée du blé, au lieu des coquelicots, il décida de planter des arbres aux fruits rouges, des cerisiers.

Et c'est pour cela qu'on en trouve aujourd'hui dans les forêts, aussi les mêmes que ceux pour lesquels je demandais à ma grand-mère de m'expliquer qui les avait plantés... Tout comme on trouve aujourd'hui des coquelicots dans les champs de blé.

Le Petit Prince était passé par là, me disait-elle.

Fu così che pensò di seminare papaveri rossi nei campi di grano.

Mentre invece quando la volpe gli capitava di cercarla fra le montagne, ricoperte di boschi di castagni, dove il grano non cresceva, ma quanto di più somigliante poteva esserci al grano, sia per la possibilità di ricavarne la farina che soprattutto per il colore delle foglie d'autunno, erano proprio gli alberi di castagni, lì, invece dei papaveri, per ricordare alla volpe la sua rosa rossa in mezzo al colore dorato del grano, fra quei campi fatti di alberi, decise di seminare degli alberi con i frutti rossi, i ciliegi.

Ed è per questo che se ne incontrano nei boschi, anche quegli stessi di cui chiedevo spiegazioni a mia nonna sul chi li avesse piantati... proprio come nei campi di grano si trovano i papaveri.

Di lì era passato il piccolo principe, mi diceva.

Alors aujourd'hui, pour penser à ce que je peux écrire dans la postface de cette édition du Petit Prince, en souvenir de ma grand-mère et des histoires qu'elle me contait, et aussi un peu pour la revoir dans la fantaisie et les souvenirs, dans ce monde que partagent les adultes et les enfants où, quelque part, le Petit Prince est en train de chercher son renard... je suis allé me promener dans les bois de châtaigniers et j'ai semé le long du chemin des cerisiers.

Così oggi per pensare cosa scrivere nella postfazione di questa edizione de Il Piccolo Principe e per ricordare mia nonna e le storie che mi raccontava e anche un po' per poterla reincontrare fra la fantasia e i ricordi, in quello stesso mondo degli adulti e dei bambini dove da qualche parte il Piccolo Principe sta cercando la sua volpe... sono andato in giro per i boschi di castagni e ho seminato lungo il cammino alberi di ciliegi.

Wirton Arvel

Brève note technique sur la traduction : *En français, le terme "fleur", contrairement à l'italien, est féminin et on suppose que lorsque l'auteur s'y réfère, en réalité il se réfère à sa bien-aimée. En revanche, le terme "renard", contrairement à l'italien, est masculin et on suppose que lorsque l'auteur s'y réfère, en réalité il se réfère à son meilleur ami.*

Breve nota tecnica sulla traduzione: In francese il termine "fiore", a differenza dell'italiano, è femminile e si suppone che riferendosi ad esso in realtà l'autore si riferisca alla sua amata. Mentre il termine "volpe", a differenza dell'italiano, è maschile e si suppone che riferendosi ad esso in realtà l'autore si riferisca al suo migliore amico.

Merci

Cher lecteur, merci d'avoir lu ce livre/cet eBook.

Si tu as rencontré des problèmes, des erreurs ou pour toute autre communication, tu peux envoyer un email directement à la rédaction de Kentauron (kentauron@kentauron.com). Une nouvelle édition en format eBook te sera envoyée.

Si le livre t'as plu, tu peux laisser un avis dans la boutique où tu l'as acheté. Ce sera un grand plaisir et un bel encouragement pour de nouvelles publications.

Bonnes lectures.

Grazie

Gentile lettore, grazie per aver letto questo libro/eBook.

Se hai riscontrato problemi, refusi o per altre comunicazioni, puoi scrivere un'email direttamente alla redazione di Kentauron (kentauron@kentauron.com). Ti verrà inviata una nuova edizione in formato ebook.

Se il libro ti è piaciuto puoi lasciare una recensione sullo store dove lo hai acquistato. Oltre a essere molto gradita, potrà servire da incentivo per nuove pubblicazioni.

Buone letture.

Nouveautés et livres en promotion

Pour être informé des prochaines publications et des livres en promotion (y compris les eBooks gratuits), inscris-toi à notre liste de diffusion pour lecteurs et amis :

http://smarturl.it/eBooksNews

ou suis-nous sur Twitter (@KentauronS) et Facebook (www.facebook.com/Kentauron)

Novità e libri in promozione

Per essere informato sulle prossime pubblicazioni e sui libri in promozione (eBook gratuiti inclusi), iscriviti alle nostre mailing list di lettori e amici:

http://smarturl.it/eBooksNews

oppure seguici su Twitter (@KentauronS) e Facebook (www.facebook.com/Kentauron)

| Autres livres Kentauron | Altri libri Kentauron |

Récits / *Racconti*

- Jack's Wagers (Le scommesse di Jack) (Wirton Arvel)
- Time House (La casa del tempo) (Wirton Arvel)

Poèmes racontés et prose poétique / *Poesie Raccontate e Prosa Poetica*

- Wandering among the stars (Vagabondando fra le stelle) (Wirton Arvel)

Romans / *Romanzi*

- La clessidra vuota (Brunella Pernigotti)

Fables / *Fiabe*

- Facciamo finta che… (Brunella Pernigotti)

Editions bilingues avec texte en face (anglais – italien et autres langues) / *Edizioni bilingui con testo a fronte (Inglese – Italiano e altre lingue)*

- The Wonderful Wizard of Oz - Il Meraviglioso Mago di Oz (L. Frank Baum)
- Alice's Adventures in Wonderland - Le Avventure di Alice nel Paese delle Meraviglie (Lewis Carroll)
- A Christmas Carol - Cantico di Natale (Charles Dickens)
- The Rime of the Ancient Mariner - La Ballata del Vecchio Marinaio (Samuel Taylor Coleridge)
- 101 poems to read in London & New York... - 101 poesie da leggere a Londra e New York...: (Best English Poetry Collection from Shakespeare to early 20th century)

- The Subjection of Women - La servitù delle donne (John Stuart Mill)
- Carmina - Poesie (Gaio Valerio Catullo)
- Cinderella - Cenerentola (Charles Perrault)
- Three Men in a Boat - Tre uomini in barca (Jerome K. Jerome)
- Le Petit Prince – Il Piccolo Principe (Antoine de Saint-Exupéry)
- Jack's Wagers - Le scommesse di Jack (Wirton Arvel)

Recueils de poèmes   *Antologie di poesie*

- Aedi, Bardi e Poeti - Cantori, Trovatori e Vati (Antologia della Poesia: XII-XIV secolo ([con poesie Occitane e Italiane])
- 101 Poems to Read in London & New York.. or Easily from Home… (Antologia della poesia inglese, da Shakespeare ai primi del '900)

Consulte les principales boutiques en ligne pour voir la liste mise à jour et découvrir de plus amples informations sur les livres publiés par Kentauron
(Boutique Amazon : smarturl.it/Kentauron)

Visita i principali store online per vedere l'elenco aggiornato e scoprire maggiori dettagli di tutti i libri pubblicati da Kentauron (Store Amazon smarturl.it/Kentauron)

Kentauron

http://www.kentauron.com

Printed in Great Britain
by Amazon